Heinz Adler

Niemand richten, alle aufrichten

Heinz Adler

Niemand richten, alle aufrichten

Predigten zu Texten aus den Synoptikern

Fromm Verlag

Impressum / Imprint
Bibliografische Information der Deutschen Nationalbibliothek: Die Deutsche Nationalbibliothek verzeichnet diese Publikation in der Deutschen Nationalbibliografie; detaillierte bibliografische Daten sind im Internet über http://dnb.d-nb.de abrufbar.

Bibliographic information published by the Deutsche Nationalbibliothek: The Deutsche Nationalbibliothek lists this publication in the Deutsche Nationalbibliografie; detailed bibliographic data are available in the Internet at http://dnb.d-nb.de.

Verlag / Publisher:
Fromm Verlag
ist ein Imprint der / is a trademark of
OmniScriptum GmbH & Co. KG
Heinrich-Böcking-Str. 6-8, 66121 Saarbrücken, Deutschland / Germany
Email: info@frommverlag.de

Herstellung: siehe letzte Seite /
Printed at: see last page
ISBN: 978-3-8416-0563-4

Inhaltsverzeichnis

Mt 4,1-11 Versuchung Jesu - 3

Mt 4,12-17 Bußruf in Galiläa - 7

Mt 6 Vater unser – 10

Mt 11,2-11 Bist du es, der da kommen soll? – 13

Mt 13,44-46 Vom Schatz und der Perle – 17

Mt 24,1-14 Advent – 20

Mk 1,40-45 Heilung eines Aussätzigen – 24

Mk 2,18-20 Die Frage nach dem Fasten – 27

Mk 8,31-38 Estomihi – 30

Mk 16,9-14 Auferstehung – 33

Lk 5,1-11 Fischzug des Petrus – 36

Lk 8,4-8 Das Gleichnis von der Aussaat – 39

Lk 10,25-37 Barmherziger Samariter – 43

Lk 18,9-14 Plädoyer für den Pharisäer – 47

Lk 18,28-30 Vom Lohn der Nachfolge - 50

Mt 4,1-11 Versuchung Jesu
Liebe Gemeinde,

Martin Buber erzählt in einer seiner chassidischen Geschichten von einem Rabbiner-Schüler, der nach einigen Monaten Unterricht nach Hause kommt - in die Ferien. Dort wird er von seinem Vater gefragt, was er denn bisher in seinem Studium gelernt habe. Der Sohn antwortet: **"Dass es einen Gott gibt!"**

Diese lapidare Antwort irritiert den Vater. Er wittert nichts Gutes: Vielleicht ist der Sohn bei schlechten Lehrern, die ihm nichts Wichtiges beibringen können, vielleicht ist er faul, dass er eine solche Selbstverständlichkeit, wie die Existenz Gottes, als Ergebnis seiner bisherigen Studien herausstellt.

Die Antwort des Sohnes lässt jedenfalls dem Vater keine Ruhe. Er möchte ihn mit der Lächerlichkeit seiner Antwort konfrontieren, damit er aufwacht. Deshalb ruft der Vater alle, die bei ihm arbeiten, zusammen und fragt sie der Reihe nach, ob sie wüssten, dass es einen Gott gibt. Jeder bejaht: Ja, er wisse, dass es einen Gott gibt.

Provozierend und erwartungsvoll wendet sich der Vater dann an seinen Sohn: "Nun, was sagst Du dazu?" Dieser antwortet: "Natürlich wissen alle, dass es einen Gott gibt, **aber haben sie es auch erlernt?"**

Der Sohn beweist mit dieser Antwort nicht nur Schlagfertigkeit, sondern auch Geist. Denn er spricht mit einem knappen Satz einen komplizierten Sachverhalt aus.

Glaube ist keine Frage des Ein-für-allemal-Wissens, Glauben muss erlernt werden. Glauben muss begriffen werden, nach und nach und immer wieder neu. Glaube ist, so gesehen, ein lebenslanger Lern- und Erfahrungsprozess, mit dem wir wohl nie zu Ende kommen.

Denn das fraglose Gottvertrauen und die Geborgenheit die wir immer wieder einmal erleben, diese Geborgenheit in Gott und die Sicherheit des Glaubens geht uns - Gott sei's geklagt - oft und immer wieder verloren.

Und zwar dann, wenn unsere guten Lebenserfahrungen durch schlimme und böse in Frage gestellt werden und wir die Brüche und Widersprüche in unserer eigenen Person, in unserem zwischenmenschlichen Zusammenleben und dem der anderen - erfahren und erleiden.

Unter solchen Bedingungen - in der Erfahrung von Hunger, der Abwesenheit und der Ohnmacht Gottes - können wir in Versuchung geraten und unser Vertrauen in Gott und also das Leben verlieren.

Es ist altes Wissen der Christenheit, dass die Geschichte der Versuchung Jesu nicht von den Geschichten unserer Versuchungen getrennt werden kann.

Versuchungen, was ist damit gemeint?

Hier wird offenbar der Tatbestand angesprochen, dass wir nicht Herr im eigenen Haus sind, sondern von Mächten bestimmt werden können, die manchmal stärker sind als wir. Dass es Situationen gibt, in denen uns Phantasien und Wünsche mächtig überfallen, denen wir, entgegen unseren Absichten und Überzeugungen, ausgeliefert sein können.

Der Ausgang der Versuchungen Jesu ist deshalb für unseren Glauben von immenser Bedeutung, denn er macht deutlich, dass wir diesen Versuchungen, der totalen In-Frage-Stellung-Gottes, nicht zwangsläufig erliegen müssen. Entscheidend ist, wie Jesus antwortet. Nicht mit Machterweisen, sondern schlicht in der Form, die auch uns möglich wäre - er antwortet mit dem Grundvertrauen in Gott.

Die drei Versuchungen Jesu sind die drei Grundherausforderungen jeder menschlichen Existenz - an die man sich verlieren kann, es sind die Versuchungen: panem, circenses, imperium; Brot - Show - Macht.

Die **erste Versuchung** ist ja nichts Außergewöhnliches, sondern das Allertrivialste. Jesus hat Hunger.

Und auf dieses natürlichste Bedürfnis des Menschen spricht der Versucher ihn an und nimmt damit das Bedürfnis ernst. "Mach dir doch aus diesen Steinen Brot - du kannst das doch - du bist ja Gottes Sohn!"

Seht, liebe Gemeinde, da ist der Teufel menschlicher als oft die Kirchenleute. Lange galt ja die Meinung, Religion hätte nichts mit der Magenfrage zu tun, nichts mit den sozialen und politischen Problemen, sondern nur mit geistigen und überirdischen Dingen.

Wir haben aber den Hunger ernst zu nehmen, denn er ist eine Realität - Versuchung geht von ihm aus.

Und das Wort Hunger ist dabei im weitesten Sinne zu verstehen: Was werden wir essen, womit uns kleiden, wo werden wir wohnen?

Und all die anderen Dinge sind mitzudenken: Hunger nach Geschlechtlichkeit, der Hunger nach Geld, der Hunger nach Ehre und Anerkanntwerden, der Hunger nach Liebe, nach Nestwärme, nach Gemeinschaft, der ganze Lebenshunger des Menschen.

"Bist du Gottes Sohn, so musst du diese Bedürfnisse befriedigen! Willst du Menschen für Gott gewinnen, dann musst du sie zuerst satt machen in ihrem Lebenshunger. Fang gleich bei dir selbst an!" – so wirbt der Versucher.

Hätte sich Jesus darauf eingelassen, dann hätte er anerkannt, dass es für den Menschen nichts Wichtigeres gibt, als seinen Lebenshunger zu stillen und dass alles andere, Gott, Glaube, Religion nichts sei, als nur ein kleines - verzichtbares - Sahnehäubchen auf den materiellen Bedürfnissen der Menschen.

Gott wäre dann nicht Grund und Ziel unseres Lebens, sondern nur dazu da, um uns zu befriedigen.

Und die Menschheit lebte dann zurecht nach der Parole: Erst kommt das Fressen und dann die Moral!

Jesus hätte damit zugleich anerkannt, dass das Lebensziel des Menschen nur wäre, mit möglichst gestilltem Lebenshunger und nach erfülltem Lebensgenuss mit möglichst gefülltem Magen ins Grab zu sinken.

Dass das Leben darin seinen alleinigen Inhalt habe, das ist die luxuriöse Meinung derer, die mit gefülltem Bauch leben können! Denn welchen Lebenssinn geben sich dann die, die nicht genug zu essen haben?

Der Mensch lebt nicht vom Brot allein, er lebt nicht davon, dass seine Bedürfnisse nahtlos befriedigt werden. Der Mensch lebt, weil Gott es will, weil jeder Mensch eine Aufgabe zu erledigen hat. Gott ermöglicht uns das Leben - nicht unsere Bedürfnisse ermöglichen es uns.

Die zweite Versuchung ist sehr viel raffinierter. Sie packt an gerade bei dem Vertrauen auf Gott, zu dem sich Jesus bekannt hat.

"Wenn man mit Gott so fest rechnen kann, dann sei nicht feige, sei konsequent, und zeigt mir mal dein Gottvertrauen, vertrau endlich auf das Wort, spring herunter vom Turm, da werden dann die Leute staunen. Da werden sie dann endlich auch an Gottes Wort glauben, wenn ihnen einmal einer begegnet, der es riskiert mit dem Wort Gottes, der es vorlebt."

So teuflisch fromm kann geredet werden. Fromme Worte allein sind noch kein Beweis dafür, dass jemand Gottes Wort spricht.

Wer für seine Wünsche einen Bibelspruch braucht, wird immer einen passenden finden.

Jesus jedenfalls verzichtet auf seinen Showauftritt, mit dem er sicher ein breites Publikum zum Klatschen gebracht hätte.

Das mag ein wichtiges Kriterium sein: Wo es um Aufsehen, wo es um Showeffekte geht und um Zuschauerzahlen, da scheint mir Gefahr im Verzug.

Wo sich Kirche nur noch selbst zur Show stellt, wo sie vergisst, dass ihre ureigentlichste Aufgabe der Dienst am Anderen ist, das "für den anderen da sein", da ist Kirche auf dem Weg zur Disneylandisierung, da genügt sie sich selbst, aber längst nicht mehr dem Anspruch Gottes.

Wir können Gottes Zuwendung nicht erzwingen, so wie wir auch die Liebe eines Menschen nicht erzwingen können; und wir brauchen seine Zuwendung auch nicht erzwingen - sie gilt uns, wenn wir ihm vertrauen, wenn wir gehorsam - als Kirche und als Einzelner - seine Wege gehen.

Helmut Gollwitzer hat einmal gesagt: Gottes Verheißungen gelten alle - aber nur für die Wege, die er uns befiehlt zu gehen, nicht für die Wege, die wir selbst uns ausdenken. Für die Wege, die er uns befiehlt aber gelten seine Verheißungen wirklich; da werden die Engel uns auf den Händen tragen...

Die dritte Versuchung - die Versuchung der Macht.

Der Versucher packt Jesus bei seinem Auftrag: "Du bist doch gekommen, diese Welt für Gott zu gewinnen; hier, ich lege sie dir zu Füßen, mühelos wirst du deinen Auftrag erfüllen, alle Welt dem Christentum und du sein Herrscher!"

Ein wirklich fatales Angebot, denn von Jesus wird nicht viel erwartet. Er soll nicht etwa Gott abschwören, oder seinen Auftrag aufgeben. Nein, er soll einzig und allein neben Gott auch die Macht des Versuchers respektieren, neben Gottes Hilfe sich auch noch der Bundesgenossenschaft des Teufels versichern.

Kein Zweifel, wenn Ergebnisse die Mittel heiligen würden, wäre dies ein gangbarer Weg gewesen. Aber Liebe wird nicht mit Macht erreicht und Vergebung nicht durch Druck erzeugt. Und Christsein geschieht nicht aufgrund von Manipulation.

Indem Jesus das Angebot des Versuchers ablehnt, macht er für alle Stunden unseres Lebens klar, dass es keinen Kompromiss gibt; in Sachen Gottes gilt nur ein Entweder - Oder. Gottes Auftrag kann nur mit Gottes Mitteln durchgeführt werden.

Seht liebe Gemeinde, das ist vielleicht das Schwerste für uns: Träumen wir nicht manchmal davon, dass die Kirche, unsere Glaubensgemeinschaft eine große Bewegung wäre. Dass es lobend anerkannt würde, wenn einer sich als Christ in seinem Umfeld zu erkennen gibt?

Ja, dass sich unser Christsein gewaltig äußern würde durch Erfolge im Leben, die vorzeigbar wären?

Jesus hat dieses Ansinnen des Versuchers abgelehnt, weil der wirklich innerste Kern des Evangeliums von Freiheit erzählt, von Selbstverantwortung und Geschwisterlichkeit und davon, dass jeder Mensch eine Würde besitzt, die ihn unendlich wertvoll macht - und alles was der Versucher anbietet, ist das vollkommene Gegenteil davon.

Der Versucher flieht und siehe, Engel traten herzu und dienten ihm.

Soll das heißen, dass der Versucher eine Voraussetzung ist, damit Engel erscheinen können? Schön wäre es, wenn - nach den Zweifeln und den Versuchungen - Gott selbst uns - in seinen Gestalten - an die Hand nähme.

Wir werden sehen - wir werden lernen! Gott sei bei uns! Amen!

Mt 4,12-17 Bußruf in Galiläa

Liebe Gemeinde

Eine kurze, beinahe unscheinbare Notiz ist es nur, mit der Matthäus den Beginn des öffentlichen Auftretens Jesu anzeigt.

Dass er aber mit dieser Notiz Zitate aus dem AT verbindet, Prophezeiungen des Jesaja über das Land Sebulon und Naftali, über das Volk, das im Finstern saß und nun ein großes Licht sehen kann, das deutet an, dass Matthäus grundlegendes im Sinn hat, Grundsätzliches damit aussagen will.

Schon die Botschaft Jesu: "Kehrt um, tut Buße, denn das Himmelreich ist nahe herbeigekommen" ist eine solche grundsätzliche Aussage, denn es ist eine Zusammenfassung dessen, was Jesus gepredigt hat.

Grundsätzliches will Matthäus auch mit dem Ort – mit Galiläa - und mit der Zeit des ersten öffentlichen Auftretens Jesu ausdrücken.

Jesus beginnt mit seinen Predigten just zu dem Zeitpunkt, als Johannes der Täufer seinen Predigtauftrag nicht mehr ausführen kann.

Johannes der Täufer hat mit seiner Botschaft große Unruhe unter der Bevölkerung ausgelöst. Er hat die obersten Religionsvertreter Heuchler und Schlangenbrut genannt. Er hat zur Buße und zur Umkehr gerufen, im Jordan getauft und er hat öffentlich Kritik an Herodes dem Landesherrn geübt, weil dieser Ehebruch begangen hatte mit der Frau seines Bruders. Und nun hatte die Staatsmacht zugeschlagen, ihn gefangen genommen und mundtot gemacht.

Aber genau zu dem Zeitpunkt, an dem der Bußruf des Täufers nicht mehr laut werden kann, übernimmt Jesus diesen Auftrag und ruft nun von sich aus zu Buße und Umkehr. Ich denke, er wusste, dass er sich damit in die gleiche Gefahr begab, in der auch der Täufer lebte und die diesem nun zum Verhängnis geworden war.

Das heißt zumindest eines: in Zeiten, in denen es gefährlich ist, von Gott zu reden, da ist es dringend an der Zeit, von Gott zu reden.

Seht, wenn der Glaube anerkannt ist, Gott geehrt und geachtet wird, wenn also keine Gefahr droht, und man ungehindert von Gott reden kann, dann von Gott zu reden ist wohl nichts besonderes, da mag das allen gelingen.

Wenn aber der Glaube nicht anerkannt ist, wenn sich keiner mehr um Gott schert, und wenn man ausgelacht wird, wenn man zur Kirche geht, dann dennoch von Gott zu reden, ihm die Treue zu halten, das ist der Auftrag, der uns Christen seit unserer Taufe ins Stammbuch geschrieben ist.

In Zeiten, in denen es gefährlich ist, von Gott zu reden, da ist es dringend an der Zeit, von Gott zu reden, so hat es jedenfalls Jesus gemacht.

Und er hat seinen Bußruf laut werden lassen in Galiläa; dorthin – so übersetzt Luther – habe er sich zurückgezogen. Das klingt wie Resignation und wie ein Rückzug in einen Schonraum, das klingt wie Flucht vor dem Landesherrn, der ja den Täufer schon gefangen genommen hat.

Dabei war es alles andere als das, wenn Jesus nach Galiläa geht. In Galiläa liegen die Siedlungsgebiete der ehemaligen israelischen Stämme Sebulon und Naftali und auch dort war Herodes mit seiner Macht präsent, vor ihm hätte Jesus also in Galiläa nicht fliehen können.

Wenn Jesus nach Galiläa geht, dann stellt er sich der denkbar größten Herausforderung, die es für jemand gibt, der von Gott reden will.

Galiläa, das sind die, die im Dunkeln wohnen, am Ort des Todes, die man abschreiben kann, das sind die Hinterwäldler, die von Kultur und Tradition keine Ahnung haben. In Galiläa ist man derb und ungehobelt, unzivilisiert und im Grunde sind das alles Heiden, die mit Gott nichts am Hut haben. Nicht umsonst sprachen die rechtschaffenen Frommen vom heidnischen Galiläa.

Jesus geht also nach Galiläa ins Land der Ungläubigen, dahin, wo er nicht mit offenen Armen empfangen wird, dahin, wo er nicht von vorneherein mit Sympathisanten rechnen konnte, dahin, wo man ihm nicht grundsätzlich erst einmal positiv gegenüber eingestellt war, nur weil er von Gott reden wollte.

Das ist also alles andere als ein Rückzug, das ist viel eher Volldampf voraus und zwar bei denen, die mit Gott nichts oder nicht viel anfangen können.

Von Gott zu reden in einem Umfeld, in dem der Glaube an Gott nicht in Frage steht, das ist problemlos. Das ist der Vorteil bei den Freikirchen, in ihnen kann problemlos und vollmundig von Gott geredet werden – da ist nichts gefährlich. Im Galiläa der Heiden aber von Gott zu reden ist ungleich schwieriger.

Wenn das, dass Jesus ins Galiläa der Heiden geht, Handlungsanweisung für Gottes Bodenpersonal ist, dann hieße das, wir sind gesandt zu denen, die mehr Zweifel als Glauben, die mehr Fragen als Antworten haben. Dann sind wir gesandt zu denen, die in Sachen Gott noch auf der Suche sind oder noch gar nicht suchen.

Jesus hat also im Galiläa der Heiden begonnen und er war erfolgreich, sonst gäbe es uns heute Morgen nicht.

Was machte Jesus so überzeugend? Ich glaube, es war die Einheit von Botschaft und Person, die Einheit von Lehre und Leben. Jesus hat seinen Bezug zum Himmel, die Menschenfreundlichkeit Gottes im Umgang mit den Menschen gelebt. Und er wusste beim Umgang mit jedem Menschen und lies das den anderen auch spüren, dass dieser ein Kind Gottes ist, wertvoll und liebenswert.

Wenn Matthäus die Botschaft Jesu mit den Worten zusammenfasst: "Kehrt um, denn das Himmelreich ist nahe herbeigekommen", dann muss man auch bedenken, dass Matthäus sein Evangelium für eine christliche Gemeinde geschrieben hat und dieser Umkehrruf ganz gewiss auch den Christen gilt.

Umkehren, Buße tun, meint dann auch für Christen, die eigene Lebenspraxis kritisch anzusehen und zu begreifen, dass der Glaube nicht nur im Kopf eine Rolle zu spielen hat, sondern dass er auch vom Kopf ins Herz und also ins Leben fließen soll.

Also, wie kann ich von der Menschenfreundlichkeit Gottes reden und andere Menschen brüskieren? Wie kann ich von der Liebe Gottes sprechen, die allen Menschen gilt und selbst Unterschiede machen, die einen mehr, die anderen weniger achten?

Kehrt um, das könnte auch heißen, nehmt Abschied von eueren hochgestochenen theologischen Weisheiten und redet mit den Menschen auf Augenhöhe, geht mit ihnen so um, dass sie sich geachtet wissen, wertgeschätzt und in ihren Fragen ernst genommen. Geht so mit den Menschen um, dass sie sich als geliebte Kinder Gottes entdecken lernen, und das wird nur möglich sein, wenn unsere Lehre und unser Leben zusammenpassen, wenn unser Sagen und Tun authentisch sind.

Die Menschen jedenfalls – nicht nur die im Galiläa der Heiden - haben dafür ein feines Gespür, z. B. die Konfirmanden, Trauernde und sich Freuende, Fragende und Zweifelnde auch.

Amen

Mt 6 Vater unser

Liebe Gemeinde,
Manche Bedingungen, von damals, als Jesus über das Beten redete, scheinen heute nicht mehr zu gelten.

Vorzeigebeter, Heuchler, die sich beim Beten gerne sehen lassen, gibt es wohl nicht mehr. Abgesehen vielleicht von manchen amerikanischen Präsidenten, die sich gerne betend filmen lassen.

Zu beten, das ist bei uns heute eher schambesetzt, kaum einer gibt zu, dass er es tut.

Und in den christlichen Kreisen, in denen man gerne über das eigene Beten redet und es voreinander demonstriert, gehört es zu den Voraussetzungen der Mitgliedschaft dieser Kreise.

Es gilt also, im Großen und Ganzen haben sich die Bedingungen geändert. Manches aber ist gleich geblieben und manche Hinweise Jesu im Blick auf das Gebet gelten heute auch noch.

Wir sollen nicht viel plappern. Ja, natürlich, wes des Herz voll ist, des geht der Mund über und man findet viele Worte. Aber ich glaube, diese Form von Gesprächigkeit ist gar nicht gemeint. Wenn jemand sein Herz vor Gott ausschüttet, sei es aus Freude oder aus Leid, und dabei schier nicht aufhören kann, das hat gewiss seine Berechtigung. Gemeint ist vielmehr die Meinung, wir müssten mit vielen Worten vor Gott Eindruck schinden, ihm zeigen, wie fromm wir doch sind oder sein können. Es gibt auch im stillen Kämmerlein eine Form frommer Geschwätzigkeit.

Aber es gibt ebenso eine unfromme Stummheit – also eine Lebensform, die meint auf das Gebet verzichten zu können, jetzt gar nicht aus Angst, zu viel zu reden, sondern aus einer gewissen Überheblichkeit heraus, das Gespräch mit Gott nicht zu brauchen. Ich meine, das ist heute eher unser Problem.

Und nun behaupte ich, dass es keinen Menschen gibt, der nicht schon gebetet hat. Das Problem heute ist also, dass manche Menschen das Gebet ablehnen, weil sie es nicht erkennen.

Ich glaube, dass jedes "Ach" und jeder aus dem Herzen kommende "Seufzer" im Grunde Gebete sind. Wann entschlüpft dir denn ein "Ach" und wann ein "Seufzer"?

Ach! – wenn du leidest.
Ach! – wenn du staunst.
Ach! – wenn du betroffen bist.
Ach! - wenn du dich freust.
Ach! – wenn du nicht mehr weiter kannst.

Immer dann seufzen wir unser "Ach", wenn uns die Selbstverständlichkeit des Lebens verloren geht, zerbricht, sich aufreißt für einen hinter dem Leben stehenden Horizont. Wenn wir begreifen, dass unser Leben eben ganz und gar nicht selbstverständlich ist, sondern geheimnisvoll, beängstigend manchmal oder Staunen machend.

Immer dann seufzen wir unser "Ach", wenn wir dessen innewerden, dass wir unser Leben so ganz und gar nicht fest in der Hand haben, sondern uns verdanken. Unser Leben ist mit all seiner Schwere und all seiner Leichtigkeit, all seinen dunklen Stunden und all seinen lichten Momenten uns geschenkt, uns anvertraut. "Ach", was wird uns da zugemutet?

Zugemutet wird uns, zu erkennen, dass wir geschenkweise leben, dass wir selbst Geschenk des Lebens sind.

Für mich drückt gerade das die Anrede des Vaterunsers aus, denn die Anrede macht die zugrunde liegende Beziehungsstruktur deutlich. Wer immer sagt: "Vater unser" ist Gotteskind, und das heißt er drückt eine Beziehung aus, die er nicht selbst herstellen oder gründen kann. Dass er – Gott - unser Vater ist, geht auf ihn zurück, wie sich auch kein Mensch seinen irdischen, biologischen Vater suchen oder selbst wählen kann.

Beten heißt, über sich hinausgehen, sich beziehen auf Größeres als man selbst ist, einstimmen in das, was einen umfängt an Leben und Sinn. Dieses über sich hinausgehen ist heilsam, denn es löst uns von uns selbst.

Ich mache ein Beispiel: Wenn man Probleme hat, dann ist man so mit dem Problem beschäftigt, so vom Problem besetzt, dass man manchmal wie das Kaninchen auf die Schlange starrt und gerade deshalb Lösungen nicht findet. Bete ich, so formuliere ich mein Anliegen, sortiere gleichsam meine Gedanken und Gefühle, damit das Problem aussagbar, beschreibbar wird und schon dadurch bekommt das Problem eine "überschaubarere" Gestalt und ich vertraue darauf, dass ich nun mit meinem Gebet und meinem Problem nicht alleine bin, das allein schon verändert etwas in mir, mobilisiert Kräfte und stärkt mir das Vertrauen. Das ist die eine Seite des Gebetes, die Seite, die in mir heilsame Kräfte weckt – und ich glaube, dass Gott es ist, der diese Kräfte in mir mobilisieren hilft.

Aber das Gebet – und das ist die andere Seite – darf kein Ersatz sein für Denken und Handeln. "Bete und arbeite!" – "ora et labora" so lautet der weise Wahlspruch der Benediktiner. Das eine – das Gebet – soll, muss, darf unbedingt mit dem Anderen – dem Tun – zu tun haben. Diesen Gedanken hat Luther für sich so ausgedrückt: Heute habe ich viel zu tun, heute muss ich viel beten.

Es gibt nämlich eine Haltung, die ist dem Gebet nicht angemessen und sie ist auch Gott gegenüber nicht angemessen. Es ist die Gebetshaltung, die meint: der liebe Gott wird's schon richten.

Damit wird Gott aber zum Werkzeug meiner Faulheit, ich benutze ihn, weil ich mich selbst nicht bewegen will. Das ist der Ehre, die Gott gebührt, nicht angemessen. Deshalb sagt Jesus: geheiligt werde dein Name. Den Namen Gottes heiligen heißt, ihn – den Allmächtigen – nicht vor meinen Karren zu spannen, denn nicht mein Wille, sondern Gottes Wille möge geschehen.

Ich glaube, dass Gott eingreift, ich glaube, dass sein Wille geschieht. Aber das ist eine Erkenntnis im Nachhinein. Hinterher merkt man manchmal, da hat Gott gehandelt, das habe ich gar nicht allein geschafft. Daraus erwächst die Hoffnung, dass Gott auch in Zukunft helfen wird, aber er hilft, seinem Willen gemäß und nicht gemäß meinen Wünschen.

Dietrich Bonhoeffer hat einmal gesagt: Gott erhört alle Gebete, aber nicht immer so, wie wir es gerne hätten.

Seht, ich bin nicht sicher, dass es immer alles gut werden würde, wenn es nach unserem Willen ginge, ich vermute, wir würden ganz schön oft auf Holzwege geraten. Aber natürlich ist die Versuchung groß, alles nach unserem Wollen, Wünschen und Willen auszurichten. Im Vaterunser ist dies angesprochen mit der Bitte "und führe uns nicht in Versuchung". Nach den ältesten Lesarten der Bibel müsste es korrekter heißen: "und führe uns in den Versuchungen"; also sei du bei uns, wenn wir zwischen den vielen Versuchungen die uns umgeben, und die wir uns selbst manchmal auch sind, hindurchlavieren müssen. Dass daraus dann der Wunsch wurde, Gott möge verhindern, dass es überhaupt Versuchungen gibt, ist verständlich und daraus wurde dann die Bitte, "führe uns nicht in Versuchung".

Aber sie sind da, die Versuchungen, in vielfältigen Formen, als Gleichgültigkeit, als Feigheit, als Hang zum nur bequem Leben wollen, als Resignation, als Überheblichkeit und Falschheit, als Haltung ohne Gott leben zu wollen, als Neigung Gott vor den eigenen Karren zu spannen. Deshalb die Bitte: führe uns in den Versuchungen, führe uns hindurch, möglichst unbeschadet, so dass ihm die Ehre bleibt, so dass sein Wille geschehe.

Das Vaterunser ist zurecht die Summe des christlichen Glaubens genannt worden, in wenigen Worten wird all das gesagt, was den Glauben ausdrückt, der Jesus folgen will. Und ich bin gewiss, wann immer wir über unser "Ach" und unsere "Seufzer" etwas nachdenken, werden wir beim Vaterunser landen.

Amen

Mt 11,2-11 Bist du es, der da kommen soll?

Liebe Gemeinde,

bang und erschütternd ist die Frage des Johannes aus dem Kerker heraus an Jesus: Bist du es, der da kommen soll?

Ein Mann hat sein Leben lang sich eingesetzt, bestimmte Hoffnungen als greifbar nahe zu verkünden, er war in seiner Gestalt so unbedingt und selbst so glaubwürdig und überzeugend, dass die Leute aus ganz Judäa und dem Bergland an den Jordan strömten.

Er hatte den Mut, vor den Machthabern und den Königen Gott zu bekennen, und liegt nun im Gefängnis, den sicheren Tod vor Augen.

Diese Stunden müssen für Johannes schlimm gewesen sein. Es ist gewiss nicht so, dass er an seiner Botschaft selber zweifelt. Die Frage, die ihn umtreibt ist aber, ob es jemanden gibt - noch zu seiner Zeit wenigstens - der sie erfüllt, oder wie lang es sich noch hinziehen muss, bis die Erfüllung kommt.

Dass er sich im Wesentlichen geirrt haben könnte, dies glaubt Johannes nicht, aber sollte es sein, dass Gott auf sich warten lässt und warten lässt? Johannes hat Angst, dass das Schicksal aller Propheten durch die Jahrhunderte auch sein Schicksal sein könnte. Da rufen sie zur Umkehr und zur Erneuerung und so oft ist der Ruf wirkungslos verhallt. Und ist es dann am Ende nicht doch wie Täuschung, mindestens wie Enttäuschung?

Tatsächlich dringt die Kunde von Jesus auch in den Kerker, und ein letztes Mal möchte Johannes wissen, was seine Botschaft wert ist, in gewissem Sinne auch, was er über sich selbst, über seine Berufung und sein Schicksal denken soll.

Merkwürdig ist dies in unserem Leben, dass wir subjektiv all das getan haben können, was wir sollten, und dennoch wird das endgültige Urteil über den Wert und die Bedeutung dessen, was wir sind und waren, wie von außen, vom weiteren Gang der Geschichte, aus der Hand Gottes über uns gesprochen.

Worauf hat Johannes gewartet? Erwartet hat er, dass das Reich Gottes anbricht, jetzt in seinen Tagen, bald schon, und er hat ausgemalt, wie es sein würde: Nach ihm käme jemand, weit größer als er selber, vor allem in der Dimension des Schreckens. Wie eine Axt in die Wurzel der Bäume vernichtend einschlägt, so würde der endgültige Gesandte Gottes hineinfahren, wie Feuer über die Spreu, wie der Dreschflegel über das Korn.

Ist Jesus derjenige, der solche Weissagungen wahr machen und erfüllen wird? Man sieht und hört nichts von Äxten, Feuer und Dreschflegel im Munde Jesu. Und dennoch gibt er den Gesandten des Johannes eine Antwort.

Es scheint nicht möglich, mit Ja oder Nein die Frage des Johannes zu entscheiden. Sagt man ja, müsste man ihm recht geben in den Details seiner Drohpredigt; und das kann man nicht.

Sagt man Nein, gibt man ihm unrecht in dem Wesentlichen seiner Verkündigung; und auch das kann man nicht.

Das einzige, wozu Jesus die Boten des Johannes einlädt, ist, ihr eigenes Zeugnis weiterzugeben. Was sie selber sehen, was sie selber hören, sollen sie prüfen und sich dabei fragen: Ist es von Gott oder nicht? Ist dies das Heil, auf das man warten kann und soll?

Es ist eine sehr leise Sprache, in der Jesus hier spricht, wie Worte durch die Gitterstäbe der Gefangenschaft hindurch. Aber es ist eine Aufzählung, die jeden an die Worte des alten Propheten Jesaja erinnern wird: Wenn das Heil kommt, wird Gott jedes Elend der Menschen berühren und fortnehmen.

Blinde sehen. Wie viele Menschen gibt es, die aus Not und Verzweiflung am hellen Tage die Welt wie in Dunkelheit und Nacht getaucht sehen und sehen noch nicht den nächsten Schritt vor Augen, den sie gehen könnten.

Wie gibt man solchen Menschen Mut, Zuversicht und eine Perspektive für ihr Leben hier auf dieser Erde? In der Botschaft Jesu muss dies lebendig sein, dass Menschen sich getrauen, ihren Blick nach vorn zu richten.

Lahme gehen. Auch das kennen wir, wie schwer uns die Glieder sein können im Gefühl der Verzweiflung, als ob der ganze Körper nur noch aus Resignation, bleierner Schwere und Müdigkeit bestünde.

Und man wagt die eigenen Hände kaum noch zu rühren. Es ist, wie wenn es nie die Möglichkeit gegeben hätte, etwas zu tun, das sinnvoll ist und imstande, Glück zu bringen.

Aber in der Botschaft Jesu muss diese Kraft gelebt haben, Menschen zu erfüllen mit einer gewissen Begeisterung für ihr Leben und für die Menschen ringsum, so dass es sich lohnte, dieses Leben, ihr eigenes, wieder in die Hand zu nehmen.

Aussätzige werden rein. Es gibt diese so weit verbreitete Pest, Menschen dahin zu bringen, dass sie sich selbst nur fühlen können wie etwas ansteckend Krankmachendes, wie etwas, vor dem man von weitem warnen müsste, wie etwas, auf das man nur mit weiten, ausgestreckten Händen zeigen kann als Unrat, Auswurf und Gemeinheit. Jedes Schuldgefühl hat diese Macht, Menschen in Aussatz zu verwandeln.

Aber in der Botschaft Jesu muss die Kraft enthalten gewesen sein, Menschen wieder mit dem Vertrauen zu erfüllen, dass sie - wie alle anderen auch - rein und gut und zumutbar genug für allen anderen sein könnten und ein Recht hätte, sich wieder blicken zu lassen unter den Augen der Menschen und ihre Nähe nicht mehr zu fürchten.

Taube hören. Wie oft geht uns das so, dass wir vorm Lärm der Zeit am liebsten die Ohren schließen möchten, als ging im Trommelfeuer des ständigen Gequassels jedes sinnvolle Wort bist zum Ersterben unter und wir könnten in allem, was gesagt wird, weder Sinn noch Verstand noch irgendeinen Inhalt wahrnehmen. Es ist nicht, dass wir akustisch nicht imstande wären, zu vernehmen und die Laute zu registrieren. Es ist nur, dass uns die Ohren vollgestopft sind vom Gekreisch und Geschrei und Gelärm, das immer und zu allem gemacht wird.

In der Botschaft Jesu muss dies gelegen haben, Menschen hellhörig zu machen für das, was andere wirklich zu sagen haben, aufnahmefähig und bereit, selbst mitten im Gelärm die feinen Botschaften mitschwingen zu hören und wieder so etwas zu lernen wie eine Freude an der Musikalität, an der Sprachfähigkeit, an der Gemeinschaft der Worte.

Es ist wie eine Zusammenfassung aller Not, wenn Jesus hinzufügt: **Tote stehen auf**. Menschen gibt es, die, kaum dass sie auf der Welt sind, tagaus, tagein mehr warten auf den Engel mit dem Gewand der Nacht als auf die Helligkeit des Tages, und immer scheint der Tod näher als das Leben, als wären sie bestimmt dazu, aus den Bleikammern der Verwesung nie hervorzukommen und aus den Gräbern der Erde nie aufzusteigen zur Helligkeit des Tages.

Die Botschaft Jesu muss die Kraft gehabt haben, das Leben liebenswert zu machen bis dahin, dass Menschen sich getrauen mochten, Gott selber als Quelle und Ursprung ihres Daseins dankbar zu preisen.

Allen Armen wird diese Frohbotschaft verkündet, gerade ihnen, weil sie sie verstehen, mitten in ihrem Elend.

Dabei bleibt es für Johannes die Frage, ob er diese sanfte und milde Botschaft als Enttäuschung wertet oder als eine noch einmal neu an ihn ergehende Verheißung.

Selig, wer nicht Anstoß nimmt, fügt Jesus hinzu.

Es ist möglich, dass Johannes verbittert ist, denn alles, was er sagte war bis zur Grenze des Grausamen schwer, ängstigend, asketisch und bemüht.

Wenn jetzt das Heil auf derart leichten Füßen in die Welt käme, wäre es nicht doch Grund, sich zu empören und zu erklären, dieser kann das Heil nicht sein?

Johannes muss selber entscheiden, was ihm evident wird an Menschlichkeit und Göttlichkeit an diesem Jesus. Er muss dies selber entscheiden auch im Blick auf sein Leben und seine Botschaft.

Und nebenbei aber doch zentral: Auch du musst für dich selber entscheiden, was dir evident wird an Menschlichkeit und Göttlichkeit an diesem Jesus von Nazareth. Auch du musst für dich klären, was das heißt im Blick auf dein Leben und ob du dich darauf einlassen kannst.

Dann aber wendet Jesus sich an die Leute. Auch sie müssen wissen, wen sie am Jordan suchten und wen sie heute vor sich haben. Und Jesus erinnert sie an ihre wirklichen Motive.

Jeder, der sich damals taufen ließ, tat es nicht darum Wetterfahnen und Schilfrohre zu betrachten.

Leute, die immer nur wissen, wie sie mitlaufen und mit den Wölfen heulen müssen – von der Art war Johannes nie, und das wusste man vorher.

Es ging auch nicht darum, irgendeinem modischen Schnickschnack zu folgen und bei den nächsten Zusammentreffen im Kreise der Albernheiten verkünden zu können, dass man auch am Jordan war, so wie man auch irgendwo im Süden in den Ferien gewesen ist.

Wenn es darum gegangen wäre, hätte man nicht zum Jordan gehen müssen. Solche Leute wohnen dort, wo das Geld wächst und die Macht blüht. Das war nicht Johannes.

Aber begreift man seine Größe, versteht man zugleich seine Grenze. Und das Wunderbarste an der Art, wie Gott mit uns lebt, ist, dass, wenn er wahr macht, was er verspricht, es immer noch unendlich viel größer ist, als wir zu hoffen wagten, und selbst das, was uns am wahrsten dünkte, fast noch erscheint wie ein Irrtum.

Das Reich Gottes ist da, und es lebt, denn es lässt die Toten auferstehen.

Amen

Mt 13,44-46 Vom Schatz und der Perle

Liebe Gemeinde,

wenn Jesus etwas präzise erklären will, dann erzählt er Geschichten, Beispiele, Gleichnisse.

Das ist gar nicht verwunderlich, wir tun es ja genauso. Wenn wir schwierige Begriffe oder Zusammenhänge jemandem erklären wollen, dann greifen auch wir zu Geschichten: Schau mal, sagen wir dann, mit der Liebe ist es wie … und dann kommt eine Geschichte. Oder wir sagen: Gerechtigkeit herrscht, wenn… und dann kommt eben eine Geschichte, ein Beispiel, ein Gleichnis.

Ich stelle mir vor, die Menschen haben ihn irgendwann einmal gefragt: Du Jesus, du erzählst so oft vom Reich Gottes, dass es mitten unter uns sei und Auswirkungen habe. Aber sag, gilt das auch mir? Wird Gott mich finden für sein Reich? Werde ich es finden? Und dann erzählt Jesus seine Geschichte: Mit dem Reich Gottes ist es wie mit einem Schatz und einem Landarbeiter, der ihn findet; mit dem Reich Gottes ist es wie mit einer Perle und einem Perlenhändler, der sie entdeckt.

Natürlich mutet die Geschichte, die Jesus da erzählt, märchenhaft an. Es geschieht nicht alle Tage, dass ein Tagelöhner bei der Arbeit auf dem Acker einen Schatz entdeckt. Und ein Perlenhändler sucht zwar sein Leben lang nach kostbaren Perlen. Aber eine solche Perle, für die es sich lohnt, alles herzugeben, findet er selten – oder nie.

Wir merken es, diese Geschichte ist nicht unsere Welt, unsere Wirklichkeit ist eine andere. Uns umgibt eine Arbeitswelt, in der wir uns im Schweiße unseres Angesichts unser Brot verdienen müssen, der eine mehr mit dem Kopf, der andere mehr mit der Hand – beides harte Arbeit. Das spüren wir, wenn wir für den Urlaub reif sind.

Die Gleichnisse vom verborgenen Schatz und der sehr kostbaren Perle erwecken allenfalls vielleicht ein Gefühl der Sehnsucht, dass uns ein solches Glück auch einmal passieren sollte. Aber wir sind doch auch nüchtern genug, um uns nicht darüber hinwegzutäuschen, dass am Montagmorgen wieder die Arbeitswelt ihre harten Forderungen an uns stellt.

Nun, liebe Gemeinde, je nüchterner wir den Gleichnisse Jesu gegenübertreten, desto besser. Jesu Zuhörer waren ja ebenfalls Leute, denen Schweißperlen vertrauter waren, als kostbarer Perlenschmuck. Und es ist kaum anzunehmen, dass einer von ihnen je einen wertvollen Schatz im Acker gefunden hat. Und dennoch hatte ihnen Jesu Gleichnis etwas zu sagen. Gerade, weil sie nüchterne Hörer waren, die ihre Lage richtig einzuschätzen verstanden.

Genau das tun ja die beiden Männer im Gleichnis auch: Sie verhalten sich äußerst nüchtern. Sie kalkulieren beide sehr genau und errechnen sich, was es zu gewinnen gibt.

Aber deutlich ist in dieser Geschichte, es gibt Dinge, die sind so wertvoll, dass wir alles andere dafür hergeben würden. Ich denke z. B. an die Gesundheit, und ich kann mir vorstellen, dass es Menschen gibt, die alles hergäben, wenn sie wieder gesund würden. Ich denke an Familie und Freundschaft, als wertvolle Dinge, die durch nichts anderes aufgewogen werden können.

Und ich glaube auch, dass es Ereignisse, Widerfahrnisse, Begegnungen gibt, die sind so kolossal, dass das Leben danach ein anderes ist als davor. Wir begegnen dem Menschen, dem wir uns in Liebe verbinden können und das Leben danach ist ein anderes. Die Geburt eines Kindes ist ein solches Ereignis, wenn plötzlich ein Brüderchen mit in der Familie ist, aber auch der Tod eines geliebten Menschen. All das sind Ereignisse von so gravierender Bedeutung, dass danach das Leben nicht mehr dem davor gleicht und gleichen kann.

Und genau so – sagt unser Gleichnis – ist es, wenn du dem Reich Gottes begegnest, also Gott selbst in Aktion begegnest. Denn Reich Gottes heißt ja schlicht nur Machtbereich Gottes, da, wo du Gottes Wirken unmittelbar zu spüren bekommst.

Aber wie und wann begegnet uns dieses Gottesreich? Unser Gleichnis erzählt, dass es unerwartet, völlig unangekündigt sich ereignet. Der Landarbeiter hat nicht mit dem Schatz im Acker rechnen können, der Perlenhändler hat nicht damit rechnen können, dass er diese eine besondere Perle entdeckt.

Gott tritt in unser Leben, ohne dass wir etwas dafür können. Wir verdienen ihn nicht, wir gewinnen ihn nicht, er begegnet uns unerwartet, völlig überraschend.

Aber wenn Gott uns begegnet, dann ist und dann wird alles anders. In dem Moment, als der Knecht und der Händler den Wert ihres Fundes erkannten, war ihr Leben verändert. Was vorher war, wertvoll für sie gewesen ist, gaben sie bereitwillig weg. Das, wofür sie vorher voller Energie gearbeitet haben, das war bedeutungslos geworden. Alle Werte hatten sich ihnen neu geordnet. So ist es, wenn Gott in unser Leben tritt! Und das ist völlig in Ordnung so und wir merken, es ist gut. Wir haben vorhin in der Lesung vom Apostel Paulus gehört, der etwas ähnliches für sein Leben berichtete.

Und wir kennen es ja, dass es so ist. Ich erinnere noch einmal an die Geburt eines Kindes – werden da nicht wirklich alle Werte und das Leben neu geordnet, die Tageszeiten durcheinander gebracht – und es ist völlig in Ordnung so. Oder wenn sie dem einen geliebten Menschen begegnen, das hat doch hoffentlich immer zur Folge, dass das Leben neu geordnet werden muss, ganz neue Schwerpunktsetzungen sich ergeben.

Entscheidend aber ist für mich in unserem Gleichnis, dass dies alles mitten im Alltag geschieht, im allgemeinen Geschäft. Der Knecht pflügt auf dem Acker, das ist sein Geschäft, der Perlenhändler handelt wie immer mit Perlen.

Und mitten in ihrem profanen Alltag, im Einerlei der Mühen und Sorgen, mitten im normalen Geschäft, da ereignet sich das Besondere, da finden sie das Wertvollste, was es gibt. Mitten im Tagesbetrieb, da – so sagt das Gleichnis – begegnet dir Gott, als wertvoller Schatz, als kostbare Perle.

Also nicht in separierten Zeiten, nicht in besonderen Räumen. Es ist folglich falsch, zu meinen, man begegne Gott nur im Gottesdienst oder nur in der Kirche. Im Alltag ist er uns – manchmal überraschend – nah.

Aber die besonderen Zeiten, des Gottesdienstes, die besonderen Räume der Kirche oder des Gemeindehauses werden dadurch nicht wertlos, denn was dort geschieht macht uns sensibel und hoffentlich wach, damit wir spüren lernen, wenn Gott uns im Alltag entgegentritt.

Aber entscheidend ist: in Müh und Arbeit begegnen wir dem Kostbaren. Da wo wir uns abmühen müssen, uns anstrengen müssen, da ist der Schatz zu entdecken und eben gerade nicht in den Tagträumen von einer Welt ohne Mühe und Not.

Was es da jeweils zu entdecken gibt, wie da jeweils die Gottesbegegnung aussieht, das ist von Mensch zu Mensch verschieden. Der eine findet einen Schatz, der andere eine kostbare Perle, der dritte einen Menschen, der ihm zuhört, und wieder ein anderer begreift etwas über sein Leben und kann sich plötzlich ändern.

Was dafür allein nötig ist, das erzählt uns das Gleichnis auch. Der pflügende Knecht musste aufmerksam sein, der Perlenhändler sorgfältig bei seiner Arbeit. Aufmerksamkeit und Sorgfalt sind also gute Voraussetzungen, um Gott im Leben zu entdecken. Zu entdecken z. B., dass wir ein Recht auf Leben haben, dass wir notwendig und gewollt sind, dass wir gebraucht werden und es Lebensaufgaben gibt, die nur wir bearbeiten können. Zu entdecken aber auch, dass ein JA zu unserem Leben gesprochen wurde von einer höheren Instanz als wir selbst es sind.

Amen

Mt 24,1-14 Advent

Liebe Gemeinde,

Samstag vor dem zweiten Advent - irgendwo in Deutschland: Die Stadt ist festlich geschmückt, Tannenbäume, Lichterketten, Adventskränze überall. Aus den Geschäften klingen Weihnachtslieder. Es durftet nach Glühwein und gebrannten Mandeln. Viele Menschen sind unterwegs, viel mehr als an einem anderen, normalen Samstag. Und sie benehmen sich auch anders. Manche sind vollgepackt mit Tüten und Paketen. Sie hetzen durch die Straßen, von Geschäft zu Geschäft. "Bis Ladenschluss sind nur noch 2 Stunden. Was kaufen wir bloß für Opa?"

Jedes Jahr die gleiche Prozedur!

Andere haben mehr Zeit. Sie bummeln über den Weihnachtsmarkt und trinken ein Glas Punsch, schlendern von Verkaufsstand zu Verkaufsstand: Schau mal, dieser Strohstern, der würde doch gut zu den Kugeln am Christbaum passen. Und die Augen leuchten, im Geist sehen sie schon das geschmückte Wohnzimmer.

Advent - eine Zeit voller Anspannung, freudig gelassen oder gehetzt. Man lebt in ihr auf das eine Fest hin. Das soll so schön wie möglich werden. Davon kann sich kaum jemand frei machen, auch wenn es ihn nervt, und er es schade findet, dass davon die Adventszeit bestimmt wird und das Eigentliche vom Advent gar nicht mehr auftaucht.

Wer in dieser Zeit in den Gottesdienst kommt, der möchte das spüren, das Eigentliche. Und dann, liebe Gemeinde, dieser Predigttext!

Nicht wenige von uns werden denken: "Ach, muss das sein? Zerstörung und Krieg, Haß und das alles. Könnte man nicht lieber über was Schönes predigen, jetzt im Advent?"

Könnte man sicher. Aber vielleicht kommen wir dem "Eigentlichen" des Advent mit einem solchen Text viel näher: dem Warten auf den, der kommen soll, um die Welt zu verwandeln.

Die ersten Gemeinden haben wirklich gewartet. Leidenschaftlich haben sie gehofft, dass Gott Christus wieder in die Welt schicken würde, um sein Reich zu vollenden. Sie haben damit gerechnet, dass es innerhalb der nächsten Jahre passieren würde.

Aber es zögerte sich hinaus, quälende Jahrzehnte lang geschah nichts. Im Gegenteil, vieles konnte einen glauben machen, dass Gott mit der Welt doch nichts zu tun habe. Die römische Unterdrückung ging weiter. Der Tempel in Jerusalem, das Zeichen für den Glauben an den Gott Abrahams und Jesu, wurde zerstört, jüdische und christliche Gemeinden verfolgt. Die Menschen waren verzweifelt. Manch einer verlor seine Hoffnung auf die Zukunft, die Gott doch gewähren wollte.

So mächtig könne dieser Gott wohl nicht sein; denn dann würde er doch eingreifen. War es da nicht besser, sich den Verhältnissen anzupassen, so gut wie möglich damit zu leben und keine großen Erwartungen mehr zu haben? Dann konnte man auch das Kaiserstandbild anbeten, wie die römische Staatsmacht dies verlangte. So hatte man wenigstens von staatlicher Seite nichts zu befürchten. Von den anderen aus der Gemeinde hielt man sich am besten fern. Man bekäme nur Schwierigkeiten. Von dieser Distanz war es dann nur noch ein kleiner Schritt zum Denunziantentum.

Doch es gab auch andere. Sie waren genauso verzweifelt. Aber sie konnten nicht glauben, dass ihr Warten und Hoffen vergebens sei. Sie versuchten zu verstehen, wie beides, das große Leiden in der Welt und die Zukunft Gottes, zusammengehören könnten. Und sie entwarfen das Bild einer gewaltigen Zerstörung der Welt und einer völligen Neuschöpfung.

Sie trauten der Welt und den Menschen nicht zu, selbst von innen her immer besser zu werden und sich gleichsam auf das Reich Gottes hinzuentwickeln.

2000 Jahre später, können wir kaum behaupten, sie hätten bei letzterem Unrecht. Die Beschreibung, die Matthäus liefert, könnte einer Zeitung dieses Jahres entnommen sein.

An über hundert Orten auf der Erde herrscht Krieg. Selbst in Ländern, die lange Zeit friedlich lebten, kommt es zu unsäglichem Terror. Bilder davon und von Hungersnöten, von Erdbeben und Naturkatastrophen erreichen uns täglich.

Und viele treten auf als Heilsbringer - seien es religiöse Spinner, die Dutzende von Menschen verführen, seien es Politiker oder Militärs, die das gleiche tun.

Und wenn Matthäus davon spricht, dass die Liebe erkaltet, dass einer den anderen verrät, dann kennen wir das auch. Die Bilder, die Matthäus wählt, um die Welt zu beschreiben, sind uns also vertraut.

Es hört sich nun bei ihm so an, als müsste das alles geschehen. Wir verstehen ihn jedoch falsch, wenn wir meinen, er wüsste von einem detaillierten Plan, nach dem erst Kriege und Naturkatastrophen geschehen müssen, bevor Gott sein ewiges Reich aufrichten könnte.

Was er uns sagt, ist: Meint nicht, dass Gott mit dieser Welt nichts zu tun hat, wenn ihr auf das Leiden und die Not seht. Auch das wird ihn nicht daran hindern, diese Welt zu verwandeln.

Ob wir das allerdings noch glauben, dass die Welt verwandelt wird? Ob wir das Drängen der Jünger: Sage uns, wann wird das geschehen? Und was wird das Zeichen sein für dein Kommen und für das Ende der Welt? überhaupt noch verstehen können.

Uns heutigen ist das Warten auf ein Reich Gottes, das an einem bestimmten Tag hier auf Erden beginnen wird, eher fremd. Berechnungen über das Datum können wir getrost den Zeugen Jehovas überlassen, denn sie sind lächerlich.

Aber worauf warten wir?

Auf das Wochenende, auf den Urlaub, darauf, einen Freund wieder zu sehen, darauf, dass die Sorgen über die berufliche Zukunft sich endlich auflösen, dass Friede wird in der Familie und am Arbeitsplatz, darauf, dass sich eine Krankheit mit Anstand bestehen lässt und vieles mehr.

Das alles scheint sehr diesseitig. Aber ich glaube, dass dahinter mehr steckt. Eine Sehnsucht nach Ruhe. Dass die Stimmen, die ständig etwas von einem verlangen, endlich schweigen, die eigene innere Stimme zuerst. Eine Sehnsucht nach gelingenden Beziehungen. Dass wir mit Menschen zusammen sind, die wir lieben und die uns lieben, so wie wir nun einmal sind. Wir möchten uns nicht mehr sorgen, sondern einfach auf die Zukunft vertrauen können.

Und insgeheim wissen wir, dass wir uns damit nach etwas sehnen, was wir uns nicht selbst geben können.

Denn das alles geschieht ja nicht einfach am Freitagnachmittag mit dem Wochenende, oder wenn der Urlaub beginnt. Auch dann sind wir nicht frei von den Forderungen in unseren Köpfen. Und wie oft passiert es, dass wir eine berufliche Hürde nehmen und trotzdem unzufrieden sind, weil uns sofort wieder etwas neues einfällt, was dem vermeintlichen Glück im Wege steht.

Und wie oft passiert es uns, dass wir Menschen treffen, die uns etwas bedeuten, und wir trotzdem nicht wirklich zueinander finden. Oft auch, dass wir uns gegenseitig verletzen.

Aber dennoch ist da eine Sehnsucht in uns! Dass einmal alles gut sein wird, für mich persönlich und für die Welt. Dass wir ohne Sorgen in Frieden und Liebe miteinander leben können.

Lasst uns deshalb unsere Erfahrungen ernst nehmen - aber gerade auch unsere Sehnsüchte und Hoffnungen. Und lasst uns mit Matthäus glauben, dass das Gutwerden der Welt nicht davon abhängt, ob es gelingt, die eigenen Hoffnungen zu erfüllen. Lasst uns mit ihm darauf vertrauen, dass dafür schon gesorgt ist. Und dass der Augenschein dem nicht entgegensprechen kann.

Lasst uns an dieser Sehnsucht festhalten und nicht sagen: "Ach, es ändert sich ja ohnehin nichts!", lasst uns diese Sehnsucht unserer Herzen nicht dem Alltag opfern. Lasst uns darauf vertrauen, dass diese Sehnsucht sich nicht durch Krisen, Erschütterungen und Durststrecken unseres Lebens verliert.

Vielleicht kann das Festhalten dieser Sehnsucht heute das sein, was Matthäus meint, wenn er die Christen aufruft, beharrlich weiterzuwarten.

Ich denke, wir heute warten anders als Matthäus und seine Gemeinde auf das Reich Gottes. Aber wir warten auch!

Tief in uns, sehnen wir uns nach dem Guten, dem Heil, das uns die Welt und wir selbst uns nicht geben können. Vielleicht ist es diese Sehnsucht, die uns im Advent stärker packt als sonst. Die uns in Spannung versetzt. Und vielleicht ist es diese Spannung, die uns herumhetzen lässt, um den Heiligabend für alle so schön wie möglich zu machen. Weil wir uns, ohne dass wir es immer so sagen könnten, erhoffen, an diesem Tag etwas zu spüren von dem Heil, das uns versprochen ist und das noch aussteht. Mit Mt. an der Sehnsucht nach Heil festzuhalten, gegen die Forderungen der Welt, die Sorgen, gegen Haß und Unfrieden zwischen Menschen, das ist für mich das Eigentliche im Advent.

Amen.

Mk 1,40-45 Heilung eines Aussätzigen

Liebe Gemeinde,

das Wichtigste zuerst. Es ist mir nicht schwer, zu glauben, dass Jesus einen Menschen geheilt hat. Ich glaube, dass Jesus so mit Gott verbunden war, dass er so voll Heiligen Geistes war, dass er solche Wunder vollbringen konnte.

Aber damit, dass Jesus solche Heilungen vollbracht hat, ist noch nicht viel gesagt für uns, wenn wir über diese Geschichte nachdenken. Ich kann zwar darauf hinweisen und sagen: Schau, Jesus hat Wunder vollbracht! Aber was ist damit für dich und für mich und unser Leben gesagt? Wir sind nicht Jesus, wir können es ihm nicht gleichtun, denn wenn wir ehrlich sind, dann müssen wir zugeben, dass unsere heilenden Kräfte äußerst gering sind.

Aber ich bin überzeugt davon, dass diese Geschichte eine Botschaft an uns, an jeden einzelnen, an die Gemeinde der Christen hat. Lasst uns also die Geschichte noch einmal anschauen und zusehen, was da genau passiert.

Die Geschichte erzählt davon, dass das Leben bedroht ist. Bedroht ist von Krankheit, bedroht ist vom Tod und wir wissen, dass es noch viele andere Unwägbarkeiten gibt, die Leben bedrohen.

Ein Mensch war an Aussatz erkrankt, damals eine unheilbare und hoch ansteckende Krankheit. Für solche Menschen gab es Regeln von alters her: Wer nun aussätzig ist, soll zerrissene Kleider tragen und das Haar lose und den Bart verhüllt und soll rufen: "Unrein, unrein!" Und solange der Aussatz an ihm ist, soll er unrein sein, allein wohnen und seine Wohnung soll außerhalb des Lagers sein. (3. Mose 13,45f)

An dieser alten Regel ist das Ausmaß und das Elend dieser Krankheit erkennbar. Der Erkrankung – die schon schlimm genug ist – folgt die Absonderung, das Ausgesetztsein. Mit Zeichen der Totentrauer musste man sich kenntlich machen - zerrissene Kleider, aufgelöstes Haar, verhüllter Bart – und die anderen Menschen durch Rufen vor sich selbst warnen. Denn wer krank wird, denn wer krank ist, der – so die damalige Einstellung – der hat die Krankheit als Strafe von Gott bekommen für irgendeine Schuld.

Und so erzählt die Geschichte auch, dass das Leben bedroht ist von Regeln und Einstellungen der Menschen.

Die Absonderung, die Quarantäne des Kranken geht in Ordnung und war notwendig für den Schutz aller, so wie es ja auch bei ansteckenden Krankheiten heute noch üblich ist.

Nicht in Ordnung ist die Behauptung, eine Krankheit sei eine Strafe Gottes für irgendeine Schuld. Krank wird der, mit dem Gott nichts mehr zu tun haben will – so dachte man damals – und deshalb wollten die Menschen mit dem Kranken auch nichts mehr zu tun haben. Nicht in Ordnung ist die mit dieser Einstellung verbundene Absonderung, das Hineinstoßen in einen sozialen Tod, denn Familie und Freunde wollten mit dem Kranken nichts mehr zu tun haben, im Grunde war er wie tot für sie.

Dass diese Einstellung nicht in Ordnung ist, zeigt Jesus mit seinem Verhalten, denn er durchbricht die Absonderung indem er zulässt, dass der Aussätzige – der von allen anderen verstoßen ist - zu ihm kommt.

Der Kranke geht zu Jesus, auch er hält sich nicht mehr an die alte Regel und an die Gepflogenheiten, die es ihm ja verbieten, sich anderen Menschen zu nähern. Er kommt zu Jesus, vielleicht weil er von ihm gehört hat, vielleicht weil das für ihn die letzte Hoffnung war, der letzte Strohhalm; er hatte schließlich nichts mehr zu verlieren. Dass dieser Kranke zu Jesus geht, ist ein entscheidender Moment in dieser Geschichte.

Manchmal muss man Regeln und Einstellungen einfach übertreten, um heil zu werden. Seht, manche glauben ja, man könne Christ sein, ohne sich mit anderen Christen zu treffen, am Leben einer Gemeinde teilzunehmen, den Gottesdienst zu besuchen. Manche Menschen glauben dies, weil ja bei uns verbreitet die Regel und Einstellung gilt: Zum Gottesdienst und zur Gemeinde geht nur, wer's nötig hat. Es ist nicht 'in' zur Kirche zu gehen – das ist bei uns die Regel und die Einstellung. Und genau diese Regel gilt es zu durchbrechen, so wie der Kranke damals die Regel gebrochen hat und zu Jesus ging. Für ihn damals war es die letzte Hoffnung. Aber es ist eigentlich schade, wenn wir uns nur dann Gott zuwenden, wenn wir mit unserem Latein am Ende sind, wenn wir nicht mehr weiter wissen und dann von Gott erwarten, dass er den von uns in den Sand gesetzten Karren wieder aus dem Dreck zieht. Es wäre heilsam für uns, wenn wir begreifen würden, Gott ist nicht nur an den problematischen Grenzen unserer Existenz wichtig, sondern er ist entscheidend wichtig immer und zu jeder Zeit.

Doch zurück zum Kranken, was sagt er nun, da auf den Knien vor Jesus liegend: "Wenn Du willst, dann kannst Du mich gesund machen!" Das, was Du willst ist jetzt entscheidend und nicht das, was ich will und damit begibt sich der Kranke, der hilfesuchende Mensch ganz in die Gewalt Jesu. "Du" zählst, nicht ich und das was ich mir im Moment gerade wünsche. Was kann er sich auch noch wünschen der Kranke, sein Leben ist doch längst abgeschrieben, ist doch nur noch ein Warten auf den Sargempfang und er hat begriffen, dass mit seiner eigenen Kraft nichts mehr auszurichten ist. Es kommt in diesem Moment ganz und gar nur darauf an, dass Jesus handelt: Wenn Du willst!!!

Dies – liebe Brüder und Schwestern - ist ein entscheidender Moment für den Glauben, denn er macht deutlich, um was es in der Beziehung zu Gott eigentlich geht: Du, Gott, zählst, dass du Gott, handelst, das verändert mein Leben, das macht mich heil. Gottes Handeln das ist das einzige, was für mich heilsam ist. Nicht ich, nicht mein Verhalten, nicht meine Hochanständigkeit, nicht einmal mein Glaube - den ich meine vorher aufbringen zu müssen - sind entscheidend, sondern nur einzig und allein, dass Gott handelt. Nicht umsonst beten wir im Vater unser: Dein Wille geschehe!

Genau dieser Punkt, dass es allein und ausschließlich auf Gottes Handeln ankommt, dieser Punkt betont die Taufe, und insbesondere die Taufe von Kindern, die ja von sich aus noch gar nicht zu eigenen Willensentscheidungen fähig sind. Gottes Ja zum Täufling kommt allem Denken, Reden und Handeln von uns Menschen zuvor.

Wie Gott handelt, das sehen wir nun an Jesu Umgang mit dem Kranken. Er lässt es zu, dass der Aussätzige ihm nahe kommt, er lässt sich ansprechen, er weicht nicht zurück, er nimmt das Elend des Menschen wahr und er erbarmt sich, es jammert ihn dieser Mensch, es berührt ihn das Kranksein und Ausgestoßensein dieser jämmerlichen Kreatur.

Wo Gott aber handelt, da bleibt nichts beim Alten, da geschieht grundlegende Veränderung, da wird ein Ausgestoßener wieder gesellschaftsfähig, da wird ein Mensch, der sich selbst längst abgeschrieben hat wieder fähig, am Leben teilzunehmen.

Jesus sagt: Werde rein, werde heil! Dieser Kranke ist geheilt worden, aber 'rein sein', aber 'heil sein' meint noch viel mehr. Rein sein, heil sein, meint: Gott ist mit dir, du bist nicht von ihm verstoßen, er ist und bleibt an deiner Seite, nicht nur wenn die Sonne über dir lacht, sondern auch wenn es durchs finstre Tal geht.

Unser Glaube wird uns nicht davor bewahren, krank zu werden, unser Glaube wird uns nicht davor bewahren auch todkrank werden zu können, Leid zu tragen, Schwierigkeiten zu haben. Das ist uns nicht verheißen. Verheißen ist uns aber, dass wir heil sein, daß wir rein sein werden und das heißt, dass nichts uns von Gott wird trennen können. Das und nichts anderes sagt uns die Taufe: Gott hat dich als sein geliebtes Kind angenommen und er wird nicht von deiner Seite weichen - bis in Ewigkeit nicht. Du bist so in Gottes Hand als wärest du Gottes einzige Sorge!

Wir haben nicht die Heilende Fähigkeit Jesu, so habe ich gesagt, aber wir können immerhin so handeln, wie Jesus gehandelt hat. Wir können Elend wahrnehmen, wir können uns von Elend anrühren lassen, wir können uns nähern und zugreifen, helfen und raten, und Gemeinschaft ermöglichen, so dass der Tod nicht vorschnell schon in das Leben eingreift. Und wenn Gott uns segnet, dann kann all dies auch dazu führen, dass andere Menschen – wenn nicht heil, so doch heiler werden.

So viel für heute, liebe Gemeinde. Es wäre zum Text noch einiges zu sagen, das holen wir ein andermal nach.

Amen

Mk 2,18-20 (21.22) Die Frage nach dem Fasten

Liebe Gemeinde,

der gesunde Menschenverstand kommt dem Nachdenken über den Glauben zu Hilfe. Jesus bemüht den gesunden Menschenverstand und macht damit deutlich, dass unser normales Denken und das Glauben sich gerade nicht ausschließen. Für Fragen in Sachen Glauben ist Denken durchaus erlaubt.

Was sagt der gesunde Menschenverstand also: Niemand flickt einen Lappen von neuem Tuch auf ein altes Kleid, niemand füllt neuen Wein in einen alten Schlauch.

Es gibt also Neues, das nicht zu Altem passt. Es gibt also Neues und das braucht auch eine neue Form.

Im Grunde ist diese Weisheit nichts besonderes, im Grunde wissen wir meist sehr wohl, was passt und was zusammengehört.

Dass etwas passen muss und zusammengehört, das betrifft aber nicht nur Sachen, sondern auch Umstände und das entsprechende Verhalten.

Man kann das natürlich, man kann zu einer Hochzeit eingeladen sein und fasten, aber instinktiv spüren wir, so richtig passend ist das nicht. Auf eine Hochzeit gehen und fasten, das ist so wie Bockwurst und Kunsthonig, wie Sauerkraut und Springerle - richtig passen tut das nicht.

Bestimmte Zeiten, bestimmte Umstände erfordern ein bestimmtes und angemessenes Verhalten, das will Jesus deutlich machen mit seinem Beispiel von der Hochzeit und dem Fasten, dem Kleid und dem Flicken, dem Wein und seinem Schlauch.

Weihnachten z. B. sie erinnern sich noch. Weihnachten wird die Wohnung geschmückt, zu Weihnachten werden Geschenke besorgt, zu Weihnachten sind die Menschen irgendwie anders. Weihnachten als eine besondere Zeit im Jahr erwartet und erzeugt ein bestimmtes Verhalten.

Alle Religionen kennen besondere Zeiten und fast alle Religionen kennen auch z. B. das Fasten zu diesen besonderen Zeiten als ein - den Zeiten entsprechendes – besonderes Verhalten.

Die Jünger des Täufers Johannes fasten und die Pharisäer fasten auch – warum fasten deine Jünger nicht? Das war die Frage, die den gesunden Menschenverstand auf den Plan rief.

Fasten als eine altehrwürdige Form des Verhaltens zu bestimmten Zeiten passt jetzt nicht, sagt Jesus, weil jetzt nicht die Zeit dafür ist, weil jetzt eine neue Zeit angebrochen ist, etwas radikal Neues sich Bahn bricht. Jetzt zu fasten, das wäre wir

Bockwurst und Kunsthonig, wie Sauerkraut und Springerle – das passt schlichtweg nicht zusammen.

Was aber ist das Neue, das die Zeiten und die entsprechenden Verhaltensweisen neu definiert?

Ich stelle mir vor, in der Gemeinde, für die Markus schreibt, gab es Menschen, die sagten: Ok, wir sind jetzt Christen und leben in der Gemeinde, aber müssen wir nicht die altehrwürdigen Traditionen weiter pflegen; und wenn Fastenzeit ist, dann müssen wir doch weiter fasten – Oder, die anderen tun's doch auch?

Es fällt diesen Menschen schwer, das Neue, die veränderten Umstände und die neue Zeit zu begreifen.

Was haben sie denn bisher von Jesus erfahren? Die Geschichte von der Fastenfrage, die wir gerade behandeln, steht im 2. Kapitel des Markusevangeliums. Also, was war bisher von Jesus zu erfahren?

Am Anfang wird vom Täufer Johannes erzählt, dann davon, dass Jesus 40 Tage in der Wüste gefastet hat und dann kommt die erste Predigt Jesu: **Die Zeit ist erfüllt und das Reich Gottes ist herbeigekommen**. Tut Buße und glaubt an das Evangelium! Und dann werden Jünger in die Nachfolge gerufen und Jesus heilt ein paar Menschen.

Zu begreifen wäre also gewesen: Jetzt ist das Reich Gottes da, mit Jesus – mit dem, was er von Gott erzählt, mit der Art wie er in Beziehung zu Gott lebt wird das erfahrbar. Und dass Menschen sich in die Nachfolge rufen lassen und damit dass Menschen heil werden, wird zeichenhaft doch schon deutlich, wie dieses Reich Gottes sich auswirkt.

Ihr lebt im Reich Gottes, es ist da und dieses Reich Gottes ist nichts was irgendwie neben der Welt existiert, sondern diese Welt ist Gottes Reich.

Es geht gerade nicht darum, mit Fasten der Sehnsucht nach Gottes Reich Ausdruck zu verleihen, es geht gerade nicht darum mit Fasten in die Nähe Gottes zu kommen, Gott ist doch da, Gottes Reich ist nicht jenseits euerer Welt.

Gott ist da, wir leben und weben und sind in Gott, er ist der Urgrund unseres Seins und so ist unsere Existenz immer schon eine Existenz in Beziehung zu Gott.

Und die Frage ist nun, was passt zu einem Leben im Reich Gottes, was passt zu einer Existenz, die immer schon in Beziehung zu Gott steht? Sie haben vorhin in der Lesung gehört, wie Paulus darüber denkt – in Röm 12 wäre es noch einmal nachzulesen.

Fasten jedoch als Pflichtübung ist es nicht, Fasten als Übung und Vorbereitung auf entscheidende Schritte, als Klärungsphase in schwierigen Situationen kann es aber schon sein, wie wir an Jesus selbst sehen. Ich erinnere noch einmal daran, dass Jesus

40 Tage in der Wüste war, um sich über seinen Auftrag klar zu werden. Es können in der Tat Tage kommen, an denen Fasten dran ist.

Wenn uns klar ist, dass Gott der Urgrund unseres Seins ist, dass wir immer schon in Beziehung leben, von Beziehung grundsätzlich abhängig sind, wenn uns dann weiter klar ist, dass wir uns und unser Leben nicht selbst geschaffen haben, sondern dass wir unser und alle anderen ihr Leben geschenkt bekommen haben, dann wäre ein angemessenes Verhalten wohl die Dankbarkeit.

Darüber lohnte sich einmal nachzudenken: Für was und für wen könnte, sollte ich dankbar sein und wie wäre das zu zeigen und zu leben?

Vielleicht haben Sie es gemerkt, Jesus lehnt hier zwar das Fasten ab, aber er formuliert keine anderen Forderungen. Ich höre das so, dass mir zugetraut ist, meine Form für meinen Glauben zu finden. Finde du deine Form, deinen Glauben zu leben!

Und dabei könnte die Regel der Theresa von Avila hilfreich sein: Wenn Fasten, dann Fasten, wenn Rebhuhn, dann Rebhuhn.

Amen

Mk 8,31-38 Estomihi

Liebe Gemeinde,

wir begehen heute den Sonntag Estomihi, den letzten Sonntag vor der Passionszeit. Und dieser Sonntag rückt den Entschluss Jesu, nach Jerusalem zu gehen, in den Mittelpunkt.

Und dabei geht es auch um die Angst Jesu vor diesem Weg und um die bange Frage Jesu, wer wird mir beistehen, wer ist mir verlässlicher Freund auf meinem schweren Weg? Freund so, dass ich offen mit ihm reden kann, ihm sagen kann, was ich erwarte und befürchte und er dennoch zu mir hält und mit mir geht?

Das Bekenntnis des Petrus: Du bist der Christus, das hat Jesus motiviert, offen und frei von seiner Bestimmung zu reden, er meinte wohl, er könne den Weg, den er bereit war zu gehen, nun seinen Freunden zumuten.

Wie für uns ein guter Freund sein soll, das wissen wir sehr gut: geduldig, freundlich, hilfsbereit, treu und ehrlich, verständnisvoll und beschützend; jemand, der mich versteht; mich richtig einschätzen kann, der mit mir durch Dick und Dünn geht. Solch ein Freund zu haben, das ist wirklich wie ein kostbares Gefäß.

Wir haben am Mittwoch im Konfirmandenunterricht darüber nachgedacht, wie Jesus für uns ist und dabei tauchten alle diese Eigenschaften auf, die einen guten Freund charakterisieren. Ihr Konfirmandinnen und Konfirmanden hättet Jesus gerne als guten Freund und das habt ihr – zurecht - mit den Jüngern gemeinsam.

Doch nun bekommt diese Freundschaft einen hässlichen Riss. Der Freund, mit dem man so viel schönes erleben wollte, in dessen Licht man sich auch etwas sonnen wollte, an dessen Erfolg man Anteil haben wollte, dieser Freund entwickelt sich zum Verlierer, zum Looser.

Hätten sie gerne einen Verlierer – einen Looser – zum Freund? Und was ist, wenn dieser Freund erfolgreich ist, Zulauf und Ansehen genießt, aber ihnen dann mitteilt, dass genau das ihm das Genick brechen wird, das genau das ihm den Tod bringen wird?

Wie gesagt, wir wissen genau, wie ein guter Freund für uns sein sollte, aber wären wir auch ein solch guter Freund - auch dann noch, wenn der Lebensweg unseres Freundes plötzlich eine dramatische Wende nimmt? Würden wir dann noch zu ihm halten, seinen Weg mitgehen und ihn stärken?

Jesus weiß um seinen gefährlichen Weg. Er weiß, wenn er so weitermacht mit seiner Lebensart und seinen Reden, mit seiner Kritik am religiösen Establishment, damit, dass Gott den Kranken, Armen und Verachteten näher ist als den religiös Bornierten, dann wird man ihm den Prozess machen und ihn beseitigen wollen.

Jesus weiß, so wie er Gott versteht und verkündet, das hält die Welt nicht aus, denn das bringt die Ordnungen dieser Welt durcheinander. Es darf nicht sein, dass Gesetz und Ordnung, Gepflogenheit und Tradition missachtet werden, die Liebe Gottes auch Verachteten und Missliebigen gelte.

In dieser Geradlinigkeit Jesu – das er dennoch seinen Weg konsequent weitergeht - liegt etwas Faszinierendes und Radikales. Aber genau diesen Weg mitzugehen, das erwartet Jesus von seinen Freunden – faszinierend und radikal zugleich.

Und das macht Angst – ich kann Petrus gut verstehen, wenn er versucht, Jesus von diesem Weg abzuraten. Ist es nicht so, dass wir diesen Weg auch nicht sonderlich attraktiv finden, denn wir ahnen, da wird uns einiges abgefordert?

Von einem guten, einem wirklich guten Freund aber können wir erwarten, dass er mitgeht, die gemeinsam geteilten Ansichten vertritt und bereit ist, auch dafür einzutreten.

Das und nichts anderes erwartet denn auch Jesus – nicht nur von seinen Jüngern, sondern von allen, die sich nach seinem Namen nennen. Er erwartet diesen Einsatz von uns als Christen.

Und ohne Frage, so Freund Jesu zu sein, das kann Folgen haben. Wir werden anecken und uns unbeliebt machen und was das Schwerste ist, wir werden unseren inneren Schweinehund überwinden müssen.

Normalerweise gehen wir Schwierigkeiten ja lieber aus dem Weg, suchen eher den bequemen Weg, den, der uns keine Probleme bereitet.

Wir pflegen lieber den Umgang mit denen, die uns sympathisch sind, und meiden oder verachten die, die uns nicht so nahe stehen. Man nennt das wohl heute Mobbing, "Links liegen lassen", Gleichgültigkeit oder auch Cliquenbildung. Und das gibt es in Familien, Betrieben, Schulen und – gibt es das auch unter Konfirmanden?

Sein Kreuz tragen und Christus nachfolgen bedeutet tatsächlich, den Schwierigkeiten des eigenen Lebens nicht auszuweichen, nicht immer den eigenen Impulsen von Sympathie und Antipathie zu folgen, sondern vielmehr zu fragen: Was würde Jesus jetzt tun? Wie würde Jesus jetzt handeln? Würde er diesen Menschen auch ablehnen?

Das Stichwort Liebe spielt hier eine entscheidende Rolle, es geht nicht um Verliebtheit – das wäre mit Menschen, die uns unsympathisch sind eh eine Überforderung – sondern Liebe meint hier einen achtungsvollen Umgang, in dem deutlich wird, auch der Andere ist geliebtes Geschöpf Gottes, gleichen Ranges und gleicher Würde mit uns.

An Jesus scheiden sich die Geister gewiss - und am Verhältnis zu ihm entscheidet sich Lebensgewinn und Lebensverlust. Ich habe Jesus immer so verstanden, dass es ihm um Lebensgewinn ging – und zwar nicht nur für mich, sondern für alle anderen auch. Jesus nachfolgen heißt deshalb für mich, dafür zu Sorge zu tragen, dass der Lebensgewinn auch denen gewährt wird, die mir nicht unmittelbar nahe stehen.

Wer also in dieser schwierigen Welt – gottlos nennt sie der Predigttext – nicht als Freund Jesu handelt, der setzt die Freundschaft aufs Spiel.

Ich gebe gerne zu, Freund Jesu zu sein, das ist nicht einfach, das sei auch denen gegenüber betont, die verkünden, wenn du an Jesus glaubst, dann wird alles glatt laufen.

Es ist nicht so, wer Freund Jesu sein will, wird sich selbst einiges abfordern müssen – zuweilen über den eigenen Schatten springen müssen.

Aber eine gute, wirklich gute Freundschaft ist diesen Dienst wert. Und, diese Freundschaft konsequent zu leben, ist ein Gewinn, ein Gewinn an Lebensqualität hüben wie drüben.

Amen

Mk 16,9-14 Auferstehung?

Liebe Gemeinde,

"Und sie glaubten es nicht!", so wird zweimal von den Jüngern berichtet.

Maria von Magdala und die Emmaus-Jünger erfahren den Auferstandenen, berichten davon und finden kein Gehör bei denen, die mit ihm gewesen waren und die jetzt Leid trugen und weinten?

Der Zweifel am Zeugnis der Maria und am Zeugnis der Emmausjünger zeigt, dass die Vorstellung einer Auferstehung Jesu von den Toten auch bei den ersten Christen nicht unumstritten war.

Und wenn wir selbst uns mit dieser Kernaussage des Glaubens, dass Jesus von Gott auferweckt worden ist, schwer tun, dann befänden wir uns also in bester Gesellschaft. Denn so ohne weiteres lässt sich Auferstehung nicht verstehen.

Wir gehen im Grunde genommen davon aus, dass Auferstehung etwas Selbstverständliches ist. Klar, haben wir schon oft gehört, und wenn wir etwas religiöses Allgemeinwissen haben, dann erinnern wir mit Ostern nicht nur Hasen und Eier, sondern eben auch Auferstehung. Aber ist das dann mehr als ein Wort, ein Begriff, der eben zu Ostern gehört?

Wir machen uns – meine ich - nicht deutlich genug klar, wie mächtig, wie unglaublich, wie radikal Auferstehung ist. Eigentlich können wir die Sache, die mit dem Wort gemeint ist, gar nicht denken, denn Auferstehung sprengt unsere Vorstellungskraft.

Auferstehung ist nicht Auferweckung, wie bei Lazarus, der von Jesus auferweckt wurde. Auferweckung meint, das Alte, das Bekannte wird wieder belebt, reanimiert. Es ist ja der alte Lazarus, der wieder von Jesus ins Leben geholt wurde.

Auferstehung dagegen meint, dass da etwas total Neues entsteht, das nicht so ohne weiteres mit dem alten identifiziert werden kann.

Auferstehung meint keine Wiederbelebung des Vorhergehenden, Auferstehung meint Neuschöpfung, meint Verwandlung und zwar so, dass es nun gewiss mit dem Alten nicht mehr zusammengedacht werden kann.

Ich will das begründen.

Die Ostererzählungen in den Evangelien erinnern an Begegnungen, die Frauen und Männer aus der Jüngerschaft Jesu mit dem auferstandenen Jesus Christus erlebt haben. In all diesen Geschichten ist es so, dass die Menschen eine ihnen begegnende menschliche Gestalt wahrnehmen, die sie von ihrem Äußeren her aber nicht mit dem irdischen Jesus identifizieren können. Maria Magdalena hält den Auferstandenen für den Friedhofsgärtner, und auch die Emmaus-Jünger im Lukasevangelium erkennen den nicht, der sie auf ihrer Wanderschaft begleitet.

Erzählt wird auch – wir haben es vorhin gehört – dass die Begegnung mit dieser Gestalt sogar zuerst Angst und Schrecken auslöst.

Zu der Gewissheit, dem Auferstandenen und nicht irgendwem begegnet zu sein, kommt es erst, als der ihnen Begegnende etwas sagt oder tut, was sie aus der gemeinsamen Zeit mit ihm als unbedingt zu ihm gehörend erinnern oder was den Unbekannten als den Gekreuzigten ausweist, indem er ihnen z. B. die Wundmale zeigt, wie das Lukasevangelium oder Johannes berichten.

Der Auferstandene kommt ihnen also von der äußeren Gestalt her als Unbekannter entgegen, er ist nicht automatisch mit der Gestalt des irdischen Jesus, den sie gekannt haben, zu identifizieren. Damit erzählen die Geschichten aber, dass es im Blick auf Jesus nicht mehr um Irdisches geht, nicht mehr um erkennbare Leiblichkeit, sondern die Geschichten erzählen eigentlich Epiphanien, Gotteserscheinungen, so wie wir sie auch aus dem AT kennen.

Und das heißt also, Auferstehung ist etwas, was nicht mit alten Vorstellungen gedeutet werden kann; der Auferstandene ist nicht identisch mit dem Jesus, den die Jünger zu Lebzeiten gekannt haben.

Aber erkennen können die Jünger den Auferstandenen, indem er spricht und tut, was er als ihr irdischer Freund gesagt oder getan hat.

Für mich heißt das: Das neue Leben muss in der Gestalt des alten wahrgenommen werden. An dem, was die Jünger kennen, am Alten, mitten im Alten ist das Neue präsent und erkennbar. Und zwar deshalb, weil das radikal Neue, das die Auferstehung ist, für sich selbst gar nicht erkannt werden könnte, unsere Vorstellungskraft überfordern und sprengen würde.

Die Unfähigkeit der Jünger, und Jesus tadelt sie dafür, besteht darin, in ihrem alten Leben, bei ihren alten Bekannten, das verwandelte und verwandelnde Neue nicht wahrnehmen zu können.

Wie hat den Maria von Magdala, wie haben denn die Emmausjünger ihre Erfahrung mit dem Auferstandenen ausgedrückt; doch wohl nicht nur mit dürren Worten?

Ganz gleich, ob sie es ängstlich und verunsichert, noch geprägt vom Schock der Begegnung, oder ob sie es froh und glücklich jubelnd getan haben, jedenfalls wäre an ihnen etwas wahrzunehmen gewesen. Denn etwas muss sich bei ihnen ja doch verändert haben, wie sonst hätten sie vom Auferstandenen reden können.

Gewiss, es war die alte Maria von Magdala, es waren die allen bekannten zwei Jünger, die nach Emmaus flohen und doch muss da in ihnen etwas verändert gewesen sein, etwas Neues sich Bahn gebrochen haben. Wie sonst hätten sie ihre Botschaft ausrichten können?

Das Geheimnis und die Kunst des Glaubens besteht deshalb im Wahrnehmen können dessen, was als Neues wächst, oder wachsen kann: Neues mitten im Alten; Auferstehung mitten im Alltag.

Das Geheimnis und die Kunst des Glaubens besteht auch darin, dieses Neue herbeizusehnen, herbeizuahnen und uns selbst und den Menschen zuzutrauen.

Aber das heißt, dass wir unsere eigenen Wahrnehmungen und unser eigenes Leben ernster nehmen müssen. Ich bin mir sicher, dass es in jedem Leben Auferstehungszeichen gibt, Neues entsteht, entstehen kann und will - mitten im Alten.

Und das heißt für mich auch, den Glauben, der bei einem anderen möglich sein kann, herbeizusehnen, herbeizuahnen und ihm Glauben zuzutrauen.

Wie anders hätte sonst Jesus seine zweifelnden und herzensharten Jünger beauftragen können: "Geht hin in alle Welt und predigt das Evangelium aller Kreatur", wenn er nicht davon überzeugt gewesen wäre, Menschen sind zum Glauben fähig, das Neue wird sich Bahn brechen.

Es gilt ja für alle Menschen: Der Herr ist auferstanden, er ist wahrhaftig auferstanden. Halleluja.

Amen

Lk 5,1-11 Fischzug des Petrus

Liebe Gemeinde

sollen wir uns die Apostel wirklich zum Vorbild nehmen?

Sind das nicht verantwortungslosen Gesellen, die - wie es am Ende der Geschichte heißt - ihre Boote ans Land brachten und alles verließen und ihm nachfolgten.

Was hat wohl die Familie des Johannes und des Jakobus, was hat die Familie des Simon dazu gesagt, als die Ernährer sich aus dem Staub machten, um einen unsteten Lebenswandel in der Nachfolge eines merkwürdigen Wanderpredigers zu fristen?

Meine Schüler und Schülerinnen sind jedenfalls sehr erschrocken, als ich ihnen diese Geschichte erzählte und sie fragte, wie es ihnen gehen würde, wenn ihr Vater einer der Fischer gewesen wäre. Einige der Schüler kennen das, dass der Vater plötzlich weg ist und sie leiden darunter.

Genau um dieses Erschrecken aber geht es der Geschichte, erschrecken sollen wir über die Radikalität und die Zumutung, die diese Geschichte darstellt.

Überhaupt enthält die Geschichte Zumutungen und spannungsvolle Pointen en masse.

Jesus verlässt den sicheren Boden, tritt in ein schwankendes Boot und wird in sicherem Bewusstsein von seiner Gottesbeziehung geredet haben. Seine Zuhörer stehen am Ufer, auf festem Grund – so meinen sie – und leben doch ohne Sicherheit.

Gegen alle Berufserfahrung eines Fischers und gegen die gerade gemachte Erfahrung, dass es nichts zu Fischen gibt, befiehlt Jesus, noch einmal die Netze auszuwerfen. Und die Netze, die eine Nacht lang leer blieben, füllen sich zum Bersten.

Erschrocken über diese Erfahrung will sich Petrus distanzieren: Geh weg von mir, ich bin ein sündiger Mensch. Und gerade er wird von Jesus mit einem neuen Auftrag versehen.

Einen großen Fang machen sie, das würde für die nächsten Tage das Auskommen sichern, aber sie verlassen alles und folgen ihm nach.

Um diese irritierenden Momente, um Unzumutbares geht es in dieser Geschichte, Außergewöhnliches wird berichtet, Skandalöses, das nicht zu unserer Normalsicht der Welt passt.

Wir haben uns leider angewöhnt biblische Geschichten weichzuspülen, als belanglose Märchen abzutun, wir erspüren den Skandal gar nicht mehr, den Sprengstoff, der in ihnen steckt.

Erst meine Schülerinnen und Schüler haben mir wieder deutlich gemacht, welche Zumutungen diese Geschichte enthält.

Es gibt Begegnungen, die sprengen alle Erfahrungen und allemal da, wo wir Gott begegnen, erfahren wir, dass unser normales Denken in seine Schranken verwiesen ist und das ist die Zumutung mit der wir konfrontiert werden.

Folge mir nach – das müssen die Fischer gehört haben – und das ist die skandalöse Herausforderung, denn sie fordert uns heraus, aus bestehenden Deutungsmustern und Beziehungsstrukturen. Wenn du es mit Gott zu tun bekommst, dann funktioniert dein Alltagswissen nicht mehr, dann musst du neu lernen, dein Leben zu deuten.

Darum geht es der Geschichte mit all ihren Pointen, zu zeigen, dass unsere Einschätzung der Realität ihre Grenzen hat und dass für unser Leben immer noch einmal viel mehr möglich ist, als wir uns denken können.

Petrus, der erfahrene Fischer hätte von sich aus nie daran gedacht, am hellen Tag mitten auf dem See das Netz auszuwerfen. Er muss umlernen.

Petrus wäre von sich aus nie auf die Idee gekommen, noch einmal einen anderen Lebensentwurf zu probieren. Und er bekommt diesen anderen Lebensentwurf auf den Kopf zugesagt. Erkennen muss er, da steckt noch viel mehr Leben in meinem Leben drin, als ich mir zu träumen wagte.

Warum ist gerade Petrus zum Menschenfischer berufen worden? Eine Schülerin sagte: Weil er meschugge genug war, etwas zu probieren, was gegen alle Vernunft und gegen alle Erfahrung sprach und weil er mutig genug war, sich auf das Wort eines anderen einzulassen. Gerade das trägt ihm seine neue Berufung ein, gerade das ermöglicht ihm einen völlig neuen Lebensentwurf.

Und da sehe ich den Punkt, an dem dann doch die Apostel für uns Vorbild sein können. Christ sein heißt, gegen alle Vernunft auf Gott vertrauen, "auf dein Wort hin will ich es wagen."

Christ sein heißt, ernst nehmen, dass Gott etwas mit dir vorhat. Das ist die Zumutung: Es gibt einen Auftrag für dich, für dich allein! Merke dir, du bist notwendig!

Ich glaube nun nicht, dass das für alle bedeutet, ihre Boote zu verlassen, ihre Familien und ihr Lebensumfeld.

Ich glaube aber, dass das für alle bedeutet, ihr Leben noch einmal neu wahrzunehmen, dass wir neu und anders handeln können, neu und anders mit uns und mit anderen umgehen können.

Seht, wenn wir ein Problem haben, dann handeln wir oft nach dem Motto: Mehr desselben! Wir strengen uns an, wir verdoppeln die Mühe und wir vervielfachen die Anstrengung, wir machen mehr Druck und noch mehr Druck und wenn das nichts nützt, dann drohen wir.

Jesus hätte auch zu den erfolglosen Fischern sagen können: Los, mehr Anstrengung, los mehr Einsatz, noch ein paar Boote mehr, noch ein paar Netze mehr.

Sein Rat aber war, nicht "mehr" desselben, sondern etwas Anderes, etwas Ungewöhnliches tun. Und das, was sie tun, war völlig im Bereich ihrer Handlungsmöglichkeiten, aber sie haben nicht daran gedacht, ihr Leben und ihr Denken war eingesperrt in den Raum ihrer Erfahrungen. Erst auf das Wort Jesu hin, machen sie neue Erfahrungen und also verändern sich ihre alten Erfahrungen und werden weiter.

Die Zumutung des Glaubens besteht deshalb gerade darin, noch einmal neu über meine Möglichkeiten nachzudenken, noch einmal neu meine bisherigen Erfahrungen übersteigen zu können. Und das heißt allemal, es weitet sich meine Welt und es weiten sich meine Möglichkeiten.

Viele Menschen haben Gott den Abschied gegeben, weil sie z. B. sagen: In meine Welt und in mein Denken passt Gott nicht hinein.

Und das stimmt tatsächlich. Gott passt in unser Denken nicht hinein. Der Denkfehler ist nur, hier wird davon ausgegangen, dass sich Erfahrung und Denken nicht weiten können.

Das aber nun behauptet Jesus mit seinen Geschichten: Wer es mit Gott zu tun bekommt, dem stehen noch einmal völlig neue Erfahrungen ins Haus, dessen Leben erhält noch einmal eine völlige Veränderung und zwar so radikal, dass - um die Radikalität zu verdeutlichen - sogar davon gesprochen werden muss, Familienväter verlassen Frau und Kind.

Und nun glaube ich, dass viele oder sogar jeder in seinem Leben solch ungewöhnliche Erfahrungen kennt – nur ernst nehmen wir sie nicht. Wir reden dann von Zufall, oder Glück oder gutem Geschick.

Und dabei wären diese ungewöhnlichen Erfahrungen es, die uns anregen könnten, neu über unser Leben nachzudenken, und neue Erfahrungen mit unseren alten Erfahrungen zu machen.

Allemal könnten wir dann entdecken: Da steckt mehr in meinem Leben drin, als ich zu denken fähig bin. Wir denken uns zu klein!

Amen

Lk 8,4-8 - Das Gleichnis von der Aussaat

Liebe Gemeinde,

wer Ohren hat zu hören, der höre.

Und was wir hören, deuten wir auch, versuchen wir zu verstehen, wenn es denn für uns Bedeutung erhalten soll.

Man kann natürlich auch – und Schülerinnen und Schüler können das besonders gut – so tun, als höre man aufmerksam zu, aber die Worte verhallen, ohne Wirkung zu hinterlassen.

Also, was bekommen wir zu hören in diesem Gleichnis und was könnte das bedeuten?

Wir hören von einem Bauern, der seinem Geschäft nachgeht und tut, was zur rechten Zeit zu tun ist, er bestellt sein Feld.

Der Sämann, so nehme ich an, weiß, was er tut. Und ich nehme auch an, dass er seinen Acker kennt, weiß, wo die Hecken sind, der Weg und wo die Vögel lauern.

Der Sämann weiß, was er tut, und deshalb lässt er auch keine Besorgnis erkennen über den Teil der Saat, der nicht hundertfältig Frucht tragen wird.

Das gehört zum Säen scheinbar dazu, dass nicht alles aufgeht, manches auf den Weg fällt, manches in die Hecken und die Vögel sich auch noch davon ernähren.

Die große Gelassenheit des Sämanns ist also gar nicht ungewöhnlich – auch wenn manche Ausleger dies immer wieder meinen.

Manche spitzfindigen Exegeten rechnen vor, dass von der Saat nur ¼ fruchtbringend aufgeht, denn ein Teil fiele auf den Weg, ein Teil in die Hecken, ein Teil wird von den Vögeln gefressen und nur ein Teil fällt auf den fruchtbaren Boden.

Diese Rechnung ist – gelinde gesagt – natürlich Quatsch und zeigt nur, dass diese Ausleger von Landwirtschaft keine Ahnung haben.

Jetzt im Frühjahr, wenn wieder ausgesät wird, kann man es doch sehen. Natürlich werden die Vögel herumpicken, natürlich wird etwas auf den Weg fallen und natürlich wird Unkraut manches Korn nicht aufgehen lassen.

Aber die größte Menge des Saatgutes wird in guter Erde wurzeln und natürlich aufgehen, wachsen und hundertfältig Frucht bringen. Ganz so, wie es der Bauer erwartet – Gott sei Dank!

Genau darauf aber läuft unser Gleichnis auch hinaus: Gott sei Dank, viele Körner fallen auf den guten Boden und am Ende wird es eine reiche Ernte geben.

Aber nun lässt sich auch darüber nachdenken, was denn die einzelnen Elemente des Gleichnisses bedeuten.

Wenige Verse nach unserem Predigttext wird eine Deutung geliefert, die darauf hinausläuft, dass die Saatkörner dem Wort Gottes entsprechen und wir Menschen sind dann vergleichbar mit dem fruchtbaren Ackerfeld, dem harten Weg, dem Stück, das unter Dornen untergeht oder dem Ackerstück, das leergefressen wird von den Vögeln.

Gott sei's geklagt, man hat immer wieder Schindluder getrieben mit diesem Gleichnis, denn man hat es dazu verwendet, Menschen ein schlechtes Gewissen zu machen und sie abzustempeln.

Da gab es welche, die hielten sich für das gute fruchtbare Ackerland auf dem der Same des Wortes Gottes kräftig gedeiht. Und die wussten meistens sehr genau, welche anderen Menschen harter Ackerweg oder von Dornen bewachsenes Feld waren.

Und diesen anderen machte man dann ein schlechtes Gewissen, sie würden nicht genug an den Herrn Jesus Christus glauben, sie seien verloren und der Hölle preisgegeben.

Wenn wir das Gleichnis in dieser Hinsicht ernst nehmen würden, dann hieße das doch folgendes:

Es gibt Menschen, die durch das Wort Gottes erreicht werden, aber das Wort Gottes kann bei ihnen nicht wurzeln. Sind sie dafür dann schuldig zu sprechen?

Kann der Weg auf den ein Samenkorn fällt etwas dafür, dass er durch Fuhrwerke hart geworden ist? Kann das Ackerstück auf dem sich die Vögel bedienen, etwas dafür, dass die Vögel den Samen wegpicken? Kann das Ackerstück etwas dafür, dass auf ihm auch Dornen wachsen und die Saat ersticken?

Wenn wir den landwirtschaftlichen Hintergrund ernst nehmen, dann wäre allenfalls dem Bauern eine Schuld zu geben. Dann müsste er halt Vogelscheuchen aufstellen gegen die Vögel, den Acker sauber machen von den Disteln und wenn er unbedingt auf dem Weg auch noch Frucht erwartet, dann müsste er den Weg halt umpflügen.

Davon auszugehen, dass es eben Menschen gibt, bei denen das Wort Gottes fruchtbar wirkt, und andere, bei denen es nicht fruchtet, das ist zu einfach, zu überheblich und zu lieblos - und eine solche Haltung nimmt das Gleichnis nicht wirklich ernst.

Dem Sämann im Gleichnis scheint es ja nichts auszumachen, dass manches Saatkorn nicht aufgeht. Zumindest hören wir nichts dergleichen aus dem Gleichnis.

Natürlich kennen wir Menschen, die könnten in die Kirche gehen, die könnten das Wort Gottes hören. Aber ob sie glauben können oder warum sie nicht glauben können, das wissen wir nicht.

Natürlich beklagen wir die nachlassende Prägekraft der Kirche, den nachlassenden Glauben und die Ignoranz Gott gegenüber.

Aber kennen wir auch die Geschichte, die hinter jedem Menschenleben steht? Wissen wir, was ein Mensch erlebt hat und durchgemacht hat, und was ihn deshalb für den Glauben öffnet oder gerade verschließt?

Ich kenne junge Menschen, und wenn die mir ihre Lebensgeschichte erzählen, ahne ich, warum sie niemanden vertrauen können, niemandem mehr glauben können. Ich kann sie deshalb nicht verurteilen, ich kann nur bedauern, dass sie solche Erfahrungen in ihrem Leben haben machen müssen.

Und wenn es denn jemanden zum anklagen geben muss, dann sind es diejenigen, die diesen jungen Menschen es verwehrt haben, dass sie Glauben entwickeln und Vertrauen fassen können.

Also, das Gleichnis so auszulegen, dass wir die Menschheit einteilen in fruchtbare und unfruchtbare, halte ich nicht für angemessen.

Schon alleine deshalb, weil kein Mensch sich dazu aufschwingen darf über andere den Stab zu brechen oder ein Urteil zu fällen, das anderen den Glauben abspricht. Denn davor warnt Jesus selbst, wenn er sagt: Was siehst du den Splitter im Auge deines Bruders, wirst aber nicht gewahr des Balkens, den du im eigenen Auge trägst.

Ich möchte ihnen eine Deutung vorschlagen, die ernst nimmt, was der Text uns sagt: Ein Bauer ging aufs Feld, um seinen Samen zu säen.

Es handelt sich um ein Feld, und dieses eine Feld hat unterschiedliche Bodenqualitäten: da gibt es ein Stück harten Weg, ein Stück auf dem Dornen wuchern werden und ein Stück mit felsigem Untergrund, aber eben auch ein bedeutend größeres Stück mit äußerst fruchtbarem Boden.

Und nun gehe ich davon aus, dass dieses Feld ein Mensch ist, ein Mensch mit seiner ganz individuellen Lebensgeschichte, ein Mensch der - im Laufe seiner Lebensgeschichte - mit Gottes Wort konfrontiert wird.

Und ich bitte sie, sich einmal zu überlegen, zu welchen Zeiten und in welchen Umständen sie mit Gottes Wort in Berührung kamen.

Waren sie immer und zu jeder Zeit gleich beeindruckt? War die Prägekraft des Gotteswortes immer gleich intensiv?

Dieser vierfache Acker ist in uns selbst, oft verteilt auf verschiedene Lebensphasen.

Denn es gibt Zeiten in unserem Leben, da hören wir ein Wort Gottes und flugs ist es wieder aus unserem Bewusstsein verschwunden, als ob ein Vogel es weggepickt hätte. Könnten das nicht die Zeiten des Lebens sein in denen wir unter der Fülle an Arbeit und Entscheidungen stöhnen und gar nicht die Muße haben, uns mit dem Wort

Gottes zu beschäftigen – oder nur sehr oberflächlich. Da ist das Leben hart und wie festgestampft, wir leben nicht mehr im wirklichen Sinne, wir funktionieren nur noch.

Und es gibt Zeiten des Lebens, da sind wir mit vielem beschäftigt, umtriebig und alles reizt uns und fordert uns heraus und manches Mal wächst uns das ganze Leben schier über den Kopf, als wuchere sich etwas über uns zusammen; undurchdringbar wie ein Dornengestrüpp.

Sie ahnen, liebe Gemeinde, worauf ich hinaus will. Das vierfache Ackerfeld sind wir selbst.

Aber – Gott sei Dank – das Gleichnis erzählt, die Ernte wird überaus gut werden.

Daran will ich mich halten mit meiner Hoffnung, Gott wird mein Leben so führen und Gott wird dein Leben so führen, dass wir über die Ernte nur staunen können.

Und deshalb wünsche ich mir auch die Gelassenheit des Bauern aus unserer Geschichte, für mich, für dich und für uns alle!

Amen

Lk 10,25-37 Barmherziger Samariter

Liebe Gemeinde,

diese Geschichte ist wahrlich bekannt – allzu bekannt – vielleicht. Und die Moral von der Geschicht lässt sich an 5 Fingern abzählen.

Da fragt einer, der es eigentlich wissen müsste: Wie werde ich selig – d.h. wie kann ich ein Leben führen, das Gott gefällt.

Und die Antwort, die bekannte: 1. Gott an allerester Stelle – dann kommt lange nichts. 2. Dann dein Nächster auf der gleichen Stufe, wie du selbst.

So einfach die Moral von der Geschichte ist – sie hat einen Hacken: Wer ist denn mein Nächster, wer meine Nächste?

Und so erzählt Jesus die allseits bekannte Geschichte, die oft dazu benützt wurde, den Menschen ein schlechtes Gewissen zu machen, weil nie genug geholfen wird, weil es immer mehr als genug Menschen gibt, die unter die Räuber fallen.

Mit einem schlechten Gewissen aber hilft es sich nicht gut, denn wer so hilft, der muss sich zwingen und die Zähne zusammenbeißen, und der, dem geholfen wird, der merkt das – und bekommt ebenfalls ein schlechtes Gewissen.

Wie also kann die Geschichte verstanden werden?

Ich will mich der Geschichte mit drei verschiedenen Blickwinkeln nähern.

Der erste Blick ist ein Gedicht von Lothar Zenetti:

<u>Wer ist denn mein Nächster?</u>
Was ich suche,
dachte der junge Mann,
das ist ein Mensch, ein Nächster,
aber ein richtiger,
für den ich mich engagieren kann.

Nicht so einer, wie mein Vater,
dieser verknöcherte alte Trottel
mit seinen sogenannten Erfahrungen
und seinem engen Horizont.
Oder die Mutter, diese beschränkte dumme Kuh,
die nicht wagt, sich endlich zu emanzipieren.
Erst recht nicht die Oma, mit ihren alten Ansichten;
überhaupt keiner aus dieser ganzen beschepperten Familie…

Nein, schon was Richtiges,

ein Strafentlassener zum Beispiel,
ein Drogenabhängiger oder ein echt Ausgebeuteter,
zur Not auch ein Behinderter,
oder so was, halt einer, für den man sich richtig engagieren kann.

Mit solchen Gedanken beschäftigt,
ging er an einem älteren Mann vorbei;
sah ihn an und dachte: auch so einer, der von allem keine Ahnung hat!
Und wusste nicht, dass der, als Lehrer, wie schon so oft auch heute wieder gefallen war buchstäblich unter die Räuber.
Und ging vorbei und suchte weiter nach einem Nächsten, dem er endlich helfen könnte.

Das war der 1. Blickwinkel, der heißt: Such nicht zu weit weg nach deinem Nächsten; und nun zum **zweiten**:

Ich sehe die Gefahr, dass der Satz: Liebe deinen Nächsten! zur bloßen Forderung wird, zum moralischen Druck und damit zugleich zur unbarmherzigen Selbstüberforderung.

Denn gerade für die, denen der oder die Nächste nicht gleichgültig ist, entsteht da eine Spannung: Ich will anderen helfen, für andere da sein, weil es gut ist und ich es wichtig finde, und auch, weil es Gottes Gebot entspricht.

Aber andererseits merke ich, wie ich manches Mal meine Kräfte überschätze und in einer Weise über meine Grenzen gehe, die mir nicht gut tut und dem anderen auch nicht.

Ich denke, der Schriftgelehrte stellt eine wichtige Frage. Vielleicht hat er alle die Menschen vor Augen, die Hilfe brauchen. Menschen in seiner Familie, um die er sich kümmern müsste. Freunde, die ihn brauchen. Nachbarn, die mit seiner Hilfe rechnen. Ganz zu schweigen von den vielen Armen und Notleidenden, denen er zumindest Geld spenden müsste.

Es sind zu viele – er kann nicht allen gerecht werden. Vielleicht überlegt er deshalb, ob man eine Grenze ziehen kann und sagen kann: Nächste sind nur Familienmitglieder und der Freundeskreis – oder so ähnlich.

Ich kann diesen Mann schon verstehen und auch jede Frau, die so denkt – gerade wenn ich die überforderten Samariterinnen und Samariter von heute anschaue.

Die Krankenschwestern und Pfleger, die Mitarbeiterinnen vom mobilen Hilfsdienst, Altenpfleger und Ärztinnen. Sie alle wollen helfen, sie wollen Zeit, Verständnis und auch Liebe geben und oft genug stoßen sie dabei an ihre Grenzen.

Sie sind arbeitsmäßig so sehr überlastet, dass immer das Gefühl bleibt, nicht genug getan zu haben, noch mehr tun zu müssen.

Ich denke auch an die vielen Mütter, die sich aufreiben und an Mitarbeitende in den Gemeinden und Vereinen, die Zeit und Energie opfern und es ist doch immer bloß ein Tropfen auf den heißen Stein – aber immerhin eben ein Tropfen.

Gewiss, der Anspruch der in der Geschichte Jesu laut wird, bleibt bestehen. Es wird Bereitschaft zum Helfen gefordert: Gehe hin und tue, wie der Samariter tat – das gilt!

Aber es stellt sich eben auch die Frage: Wie kann ich einem anderen zum Nächsten werden?

Natürlich so, dass ich ihm nahe bin, neben ihm stehe, mittrage, was er zu tragen hat.

Aber eben ich selbst, ich voll und ganz soll ihm nahe sein. Und das heißt: Dass ich auch einen Blick für mich übrig haben muss. Ich muss selbst mit mir einig sein – mich annehmen, mich akzeptieren – nur so kann ich wirklich hilfreich neben den anderen treten. Und ich muss für mich selbst gut sorgen, damit ich im Dienst an Anderen nicht ausblute.

Nicht ohne Grund heißt das größte Gebot: Liebe deinen Nächsten, wie dich selbst!

Es heißt nicht: Liebe deinen Nächsten mehr als dich selbst! Es heißt auch nicht: Liebe dich mehr als deinen Nächsten.

Gott kommt es auf jede Einzelne und jeden Einzelnen an, und deshalb sollte sich niemand kaputtmachen.

Gott kann wohl kaum sein Reich bauen mit lauter müden, ausgepowerten, sich selbst überfordernden Menschen.

Aber er baut natürlich sein Reich mit Menschen, die sich an seinen Geboten orientieren und ich glaube auch, er baut sein Reich mit Menschen, die der Kirche nahe stehen. Nun hat mich die BM-Wahl diesbezüglich sehr nachdenklich gemacht.

Das war der zweite Blick auf die Geschichte, der heißt: Bei all deiner Hilfsbereitschaft achte behutsam auch auf dich selbst.

Zuletzt soll noch ein **dritter Blick** auf die Geschichte gewagt werden, sie hat den Titel: der bessere barmherzige Samariter.

Da geht der Samaritaner ein zweites Mal nach Jericho, fand wieder einen, der unter die Räuber fiel, las ihn ein zweites Mal auf und half ihm.

Und er ging ein drittes, ein viertes, ein fünftes Mal den Weg und fand jedes Mal einen Verwundeten. Er ging hundertmal, tausendmal und fand hundertmal und tausendmal einen, der unter die Räuber fiel.

Als er zum 2333 Male von Jerusalem nach Jericho zog, dachte er bei sich: Es liegt bestimmt wieder einer da… und er stolperte über ihn. Holte dann - wie üblich - was er brauchte aus der Satteltasche, verband ihn wie üblich, um ihn anschließend – weil Übung den Meister macht – mit einem einzigen Ruck auf den Esel zu verladen…, der auch sofort davon lief, in üblicher Richtung auf die Herberge zu, und dort auch richtig ankam, der Esel mit dem Verwundeten…diesmal bloß ohne den Samariter.

Der nämlich hatte sich aufgemacht, dafür zu sorgen, dass die Räuber nicht mehr räubern mussten. Statt immer nur nachträglich Heftpflaster auszuteilen, sorgte er so für eine sichere Straße. Er merkte sich das Rezept. Und war von da ab mit weniger Arbeit ein immer besserer und noch besserer barmherziger Samariter.

Geht hin, und tut das Gleiche.

Amen

Lk 18,9-14 Plädoyer für den Pharisäer

Liebe Gemeinde,

ich möchte heute morgen ein Plädoyer halten zur Ehrenrettung der Pharisäer. Jahrhunderte lang hat man in der Kirche den Pharisäer schlecht gemacht und den Zöllner hochgejubelt – man meinte dabei, Jesus mit seinem Urteil ernst zu nehmen.

Nur hat man missachtet, dass sich die Zeiten gewaltig gewandelt haben.

Zu der Zeit, als Jesus diese Geschichte erzählte, da mag es tatsächlich hochmütige Pharisäer gegeben haben, die sich selbst besser vorkamen und eitel die Nase rümpften über Menschen, die nicht so vorbildlich fromm waren wie sie. Und es gab auch die Zöllner, die - vielleicht aus Eigennutz oder weil sie keine andere Chance hatten - sich mit den Römern einließen, die Zollstationen verwalteten und dabei häufig die eigenen Landsleute übers Ohr hauten.

Damals war das naheliegend, dass Jesus den eitlen Pharisäer kritisierte, denn der meinte ja mit seiner religiösen Praxis vor Gott und den Menschen Eindruck schinden zu können.

Und es war richtig, den Zöllner zu stärken, denn diese standen am Rande der Gesellschaft und wurden verachtet.

Doch diese beiden Typen scheinen wohl ausgestorben zu sein.

Heute brüsten sich keine Pharisäer mehr, mit stolz geschwellter Brust ihrer Redlichkeit oder geben mit ihrer Frömmigkeit an.

Zwar mag es in manchen Frömmigkeitsecken noch gut ankommen, wenn man mit der eigenen Schlechtigkeit kokettiert und ich bin immer wieder erstaunt, wenn man sich Fernsehpredigerinnen oder Prediger anschaut, wie gerne diese von ihrer eigenen Verruchtheit und Nichtsnutzigkeit geradezu prahlen. Da reden manche von ihrem Leben vor der Bekehrung, als wären sie die größten Halunken gewesen. Aber doch eigentlich nur, um bei den Hörern Eindruck zu machen.

Nicht mehr die Pharisäer prahlen und wollen Eindruck schinden, die Zöllner sind es heute, die gut dastehen wollen.

Die Zöllnertypen, die vor lauter Demut und gebückter Haltung den aufrechten Gang verlernt haben und die in manchen Frömmigkeitskreisen immer noch Achtung gezollt bekommen. Es gibt – Gott sei's geklagt – auch eine Überheblichkeit der Demütigen.

Aber das sind ja wenige und im Grunde genommen sind sie harmlos.

Heute brüsten sich Zöllnertypen ganz anderer Art und prahlen mit ihrer Raffinesse und ihrem Trickreichtum, wenn es darum geht, andere Menschen übers Ohr zu hauen und zu übervorteilen.

Heute ist man stolz darauf, nichts mehr mit Gott zu tun zu haben und man brüstet sich damit und man brüstet sich, ohne Achtung der Lebensregeln, die Gott uns gegeben hat, im Leben auskommen zu können. Was dabei herauskommt, täglich können wir es in den Zeitungen lesen. Einer will gewiefter sein als der Andere, einer ein besseres Schnäppchen machen, gerissener sein und den größeren Reibach für sich gewinnen.

Was man damals den Zöllnern vorwarf, nämlich zu den eigenen Gunsten selbst mit dem Feind zu mauscheln, das ist heute anerkannte Spielregel geworden. Hauptsache, am Ende springt viel für mich heraus.

Vor die Hunde geht dabei aber einiges, was unser Leben überhaupt möglich macht: Solidarität, Mitmenschlichkeit, Nächstenliebe, die Frage nach einem sinnvollen Leben für alle, gerechtes Umgehen miteinander, Wahrhaftigkeit, Treue, Vertrauen.

Wer sich heute als ein solcher Zöllnertyp benimmt, gräbt an den Grundfesten unserer Gesellschaft und letztlich sägt er an dem Ast, auf dem auch er sitzt. Nur weil die meisten Menschen davon ausgehen, dass man einander vertrauen kann, ist überhaupt Gaunerei möglich. Nur weil die meisten Menschen davon ausgehen, dass es Wahrhaftigkeit gibt, ist Lüge und Betrug möglich.

Wenn wir aber alle meinen, wir könnten unsere Schäfchen ins Trockene bringen, auf Kosten der Anderen, dann züchten wir eine Gesellschaft des Misstrauens und der Feindschaft. Das kann nun wirklich keiner wünschen.

Und deshalb braucht es Menschen, die sich unbeirrbar orientieren an den ethischen Grundregeln, die wir in unserer Religion haben und die Basis unserer Gesellschaft sind. Und deshalb braucht es Menschen, die nicht nur nach dem Gewinn schielen, sondern sich verantwortlich wissen für das Ganze, für die Welt, für die Mitmenschen, für die Gesellschaft und deren Zukunft.

Solch ernsthafte und verantwortungsbewusste Menschen waren die Pharisäer. Menschen, die mit ihrem Glauben ernst machten, denen es nicht egal war, wie man lebt, sondern die sich die Orientierung an Gottes Gebot etwas kosten ließen.

Wie ernst es dem Pharisäer war, das wird ja deutlich in seinem Selbstlob: 2 x fasten und 10% von allem.

2x fasten und 10% von allem, was wäre der Lastenausgleich zwischen reichen und armen Völkern. 2x fasten und 10% das wäre ein neuer Lebensstil für glaubwürdiges Christsein. 2x fasten und 10%, damit könnte man Wüsten bewässern und Slums aufräumen, Schulen mit kleinen Klassen schaffen, Sozialen Notstand beheben und, und, und…

Ach wenn wir heute doch nur mehr Pharisäer hätte, und zwar in allen Gesellschaftsschichten von ganz oben bis ganz unten. Menschen also, die sich um ihren Glauben kümmern, und für die der Glaube und das Alltagsleben nicht zwei getrennte Sachen sind. Menschen also, die begreifen, dass ohne Bezugnahme auf Gott, das Leben aus dem Ruder läuft und wir Menschen uns selbst schaden.

Ich wünsche mir keine heuchlerischen Pharisäer – gewiss nicht - aber ich wünschte mir etwas mehr pharisäische Gesinnung, etwas mehr pharisäische Ernsthaftigkeit und pharisäische Sehnsucht nach Einsicht und Erkenntnis in das, was Gottes Wille ist.

Seht, es gibt heute eine große Scheu, zu bekennen, dass man sich für Religion, Gott und den Sinn des Lebens interessiert.

Und deshalb wäre etwas mehr Stolz und Selbstbewusstsein den Christen zu wünschen, nicht als Überheblichkeit, sondern als ausgebildete Fähigkeit, das Eigene wirklich zu erkennen und wertzuschätzen.

Amen

Lk 18,28-30 Vom Lohn der Nachfolge

Liebe Gemeinde,

es geht hier um die Frage, was es denn bringt, Jesus nachzufolgen. Wenn ich mit Jugendlichen rede, begegnet mir immer wieder genau diese Frage: "Was habe ich davon" – so fragen die Jungen – "wenn ich mich auf den Glauben einlasse?" "Was bringt mir das?"

Und wenn wir ehrlich sind, so treibt uns diese Frage doch auch hin und wieder um: Was bringt mir der Glaube? Was habe ich davon, wenn ich als Christ in dieser Welt lebe? Andere, die nicht Christen sind, leben doch auch sehr gut.

Auf der historischen Ebene, also damals, als Petrus diese Frage stellte, zielte die Frage in eine etwas andere Richtung.

Ich möchte deshalb zuerst die Frage auf der Ebene der damaligen Geschichte angehen, um sie dann für uns heute aktuell werden zu lassen – auch im Blick auf Erntedank – und das auch mit einem kritischen Moment gerade im Blick auf diese Frage.

Historisch war es wohl so, dass Petrus und seine Mitjünger tatsächlich all das verlassen hatte, was ihr Leben bisher ausgemacht hatte.

Von Petrus wissen wir, dass er eine Familie gehabt haben muss, denn es wird von seiner Schwiegermutter berichtet.

Er und die anderen Jünger ließen sich in die Nachfolge rufen und wanderten mit Jesus umher, sie hatten tatsächlich alles verlassen, was sonst zu ihrem Leben gehörte: Familie, Ehefrauen, Kinder, Beruf und soziales Umfeld.

Als Wandermissionare waren sie unterwegs und lebten sprichwörtlich von der Hand in den Mund. Sie lebten Nachfolge Jesu auf die radikalste Weise.

Aber nun gab es auch viele Menschen, die sich durch die Botschaft Jesu, durch die Predigt der Apostel, ebenfalls in die Nähe Gottes haben rufen lassen, aber dort blieben, wo sie wohnten. Aus diesen Menschen bildeten sich die Gemeinden an verschiedenen Orten und diese wiederum bildeten die Stützpunkte zu denen die Missionare immer wieder gingen.

Es gab also damals zwei legitime Formen der Nachfolge: einmal die sogenannten Wandermissionare und auf der anderen Seite die, die sich durch die Predigten der Wandermissionare für das Evangelium gewinnen ließen, aber sesshaft blieben und Stützpunkte bildeten, auf die sich die Wandermissionare zurückziehen konnten.

Und es muss wohl auch so gewesen sein, dass die sesshaft gebliebenen Christen die Wandermissionare finanziell unterstützt haben.

Man war also aufeinander angewiesen. Die Wandermissionare brauchten die Ortsgemeinden als Zufluchtsorte und als Stützpunkte, auch finanziell und die Ortsgemeinden brauchten die Wandermissionare mit ihren Predigten und Impulsen, damit sie in ihrem Glauben wachsen konnten und sich weiterentwickelten.

Es wäre nun grundfalsch, wollte man die eine Form, den Glauben zu leben, ausspielen gegen die andere Form. Wie gesagt: Die Wandermissionare brauchten die Sesshaften und sie Sesshaften brauchten die Wandermissionare.

Aber natürlich stellt sich irgendwann die Frage: Was bringt mir eigentlich meine Lebenseinstellung. Was habe ich – so könnte sich Petrus gefragt haben – von meiner Existenz als Wandermissionar?

Die Antwort Jesu weist den Wandermissionar Petrus an die Gemeinde der Sesshaften: "Du hast zwar deine Familie, deinen Beruf und dein soziales Umfeld verlassen, aber gewonnen hast du doch die Vielfalt der Gemeindeglieder in den Ortsgemeinden. Du bist Teil einer viel größeren Gemeinschaft geworden. "Es gibt niemand, der Haus oder Frau oder Brüder oder Eltern oder Kinder verlässt um des Reiches Gottes willen, der es nicht vielfach wieder empfange in dieser Zeit und in der zukünftigen Welt das ewige Leben."

Gemeinschaft mit vielen und ewiges Leben, das ist die Verheißung, die Jesus hier formuliert.

Aber auch eine andere Spitze wäre denkbar. Petrus betont: Wir haben, was wir hatten, verlassen. Wir haben das, uns eigene, verlassen.

Und mit Jesu Hinweis auf das ewige Leben könnte deshalb auch noch etwas anderes intendiert sein. Was ist den das Uns eigene? Was haben wir denn wirklich? Ist nicht alles Geschenk? Und was nehmen wir denn mit, vom eigenen, wenn wir gehen müssen aus dieser Welt? Wenn man es ganz zu Ende denkt ist rein gar nichts unser Eigenes, die Eltern nicht, die Kinder nicht, der Ehepartner nicht, die Freunde nicht. Und ob wir selbst uns eigen sind, darüber ließe sich auch debattieren.

Gemeinschaft mit vielen und ewiges Leben, das ist die Verheißung, die Jesus formuliert und nichts ist unser Eigenes, sondern alles ist Geschenk.

Diese Verheißung, gilt uns auch heute. Wir gehören durch die Bank weg, wohl eher der sesshaften Ortsgemeinde an. Wandermissionar ist niemand von uns.

Auf unsere Frage, was denn die Nachfolge bringt, auf die Frage, was den der Glaube bringt, würde Jesus uns wohl auch sagen: Du bist hineingestellt – getauft – in eine Gemeinschaft, die dich trägt und die auf dich und dein Engagement angewiesen ist.

Wenn du im Blick auf den Glauben also fragst: Was bringt es mir? Welche Rendite habe ich, dann liegt die Antwort auf der Linie, die nach deinem Engagement fragt.

Denn den Sinn und die Prägekraft deines Glaubens wirst du nur erfahren, wenn du dich als Glaubender einsetzt für das Wohl deiner Gemeinde und deiner Mitmenschen.

Die Frage, was bringt es mir, ist zutiefst immer die Frage danach, was du als dein Engagement und deinen Einsatz bringst. Also kurz gesagt: Wenn du bereit bist, dich einzusetzen, dann bringt es dir etwas. Wenn du dazu nicht bereit bist, dann bringst es dir auch nichts.

Die Relevanz und Kraft des Glaubens erfährt man nicht passiv, sondern nur indem man als Glaubender in dieser Welt zu leben versucht; und also indem man als Christ in dieser Welt lebt, in Verantwortung vor Gott.

Und nun das kritische Moment: Du fragst vielleicht nach dem, was dir der Glaube bringt. Du fragst vielleicht danach, was dir die Gottesbeziehung einträgt.

Und ich sage, sie bringt dir nichts, denn Gott ist um seiner selbst willen interessant. Mit Gott können keine Geschäfte gemacht werden, so nach dem Motto: Ich glaube an dich und dann will ich aber von dir auch….

Du bist – und das ist sein Auftrag an dich – in diese Welt hineingestellt, um dich hier als Christ zu bewähren, um Glaube, Liebe und Hoffnung zu leben.

Und, ob du es begreifen willst oder nicht, dass du lebst ist nun wirklich nicht dein eigenes Verdienst, sondern es ist unverdientes Geschenk.

Was du da alleinig tun kannst, das ist Dankbar zu sein, dafür dass du Leben gewährt bekommen hast.

Und darauf nun weißt uns ja auch das Erntedankfest hin. Wir haben dieses Leben uns nicht selbst gemacht. Keiner kann sich sein Leben selbst geben, keiner kann sich den nächsten Atemzug selbst garantieren.

Dass wir sind, das ist Geschenk des großen Gottes, dagegen bleibt uns nur der Dank. Dank für das Leben, Dank für die Ernte, Dank dafür, dass wir sein dürfen.

Und nicht zuletzt Dank dafür, dass uns größeres noch verheißen ist, nämlich ewiges Leben.

Es geht gar nicht um die Frage: Was bringt es mir? Die Frage ist vielmehr, was bringst du ein in diesem Leben. Wo bist du hilfreich, wo bist du nötig, wo bist du gebraucht.

Wie unsinnig im Blick auf das Leben die Frage ist, das zeigt sich an Mina, die wir getauft haben.

Es wäre paradox, würden die Eltern von Mina fragen, was bringt es uns, Eltern von Mina zu sein, sie erziehen zu wollen und sie begleiten zu wollen in ihrem Leben.

Im Blick auf unsere Kinder und Enkel zu fragen: Was bringt es, ihren Weg ins Leben zu fördern, das wäre wirklich eine verquere Frage.

Also noch einmal: Es geht nicht um die Frage, Was bringt es mir? Es geht um die Frage: Was bringst du ein in dieses Leben, in die Gemeinschaft, in die Gemeinde, in diese Welt?

Wir haben nicht zu fragen; wir haben mit unserem Leben vielmehr Antwort zu geben.

Und die angemessene Antwort ist allemal der Dank!

Dank dafür, dass wir sind, dass wir eingebunden sind in das größere unserer Familie, eingebettet sind in das größere der Gemeinde, und zuletzt eingebettet sind in den großen Zusammenhang, der uns umschließt von Geburt bis zur Ewigkeit.

Amen

Printed by Books on Demand GmbH, Norderstedt / Germany